決定版

小さな会社のＭ＆Ａ

あなたの会社は高く売れます

アドバンストアイ株式会社
代表取締役社長
岡本行生
Okamoto Yukio

ダイヤモンド社

本書を通じてお伝えしたいのは、
あなたの会社は高く売れるということです。
それどころか、**大手企業や上場会社**から、
最良の取引条件を獲得できるかもしれません。

後継者問題、深刻な人手不足、資金繰りの問題、
そして、**従業員の生活の維持。**
さまざまな事情を抱えながら
本書を読まれていることと思います。

しかし、どんなに大変な事情を抱えながらも、
今日まで会社が存続しているということは、
それ自体に価値があるということです。

- **債務超過**
- **赤字続き**
- **破産寸前**

安心してください。こうした会社でも
買い手が現れる可能性は十分にあります。

売り手側が「売れるわけがない」と思い込んでいた事情や弱点は、買い手にとってさほど重要ではないということです。

むしろ、こうした事情や弱点を上回る**「強み」**さえあれば、必ず買い手が現れます。

そしてその「強み」を**磨き上げる**ことで、より良い条件を獲得できるのです。

一見マイナスと思われる**「弱み」を持った会社が、**
自社の**「強み」を見出し、高く売れたケース**が多数あります。
たとえば……

- ●売上減少。市場が先細りで「将来性がない」会社
- ●だれにでもできる仕事で「独自性がない」会社
- ●売上ゼロで「実績がない」会社
- ●経営陣が高齢で「組織力がない」会社
- ●債務超過に陥り、「追加借入はできない」会社
- ●借入金の返済が滞り、「破産寸前、法的整理しか手段がない」会社

あなたの会社は高く売れます。

今は4、5年前の3倍以上の値がつくこともあるほどの

「空前の売り手市場」です。

にもかかわらず、**なぜか売り手のほうが損をすることが多い。**

なぜなら売り手企業は

①知識がない

②情報がない

③経験がない

という「3ない」状態。

それゆえ、**悪徳業者にだまされたり、**

不当に安く買い叩かれてしまったりするケースも急増しています。

これは由々しき事態です。

こうしたトラブルを事前に避けるために

●正しい知識
●正しい情報
●自社の強みを見極める目

を身につけていただきたいと思っています。

会社を1円でも高く、のれんや事業、技術はもちろん、従業員の待遇もできる限りよくして、バトンタッチをしたい。

最良の取引条件を獲得し、

売り手企業はもちろん、買い手企業にとっても満足のいく幸せなM&Aを実現したい。

その具体的な「答え」と「やり方」がこの本にあります。

さっそくはじめましょう!

あなたの会社は高く売れます　目次

第2章

売上ゼロ、債務超過、破産寸前……こんな会社でも売れる！ 12の事例

第3章 あなたの会社の「強み」をあぶり出す小さくても高く売れる重要ポイント

第4章

売り急いではいけない！ 自社の価値を高める「磨き上げ」

第5章 チャンスは一度しかない！ 失敗しないM＆Aのロードマップ

はじめに

弱い立場の中小企業がだまされないために

✓この本を書こうと思った2つの思い「憤り」と「怒り」

この本を手にとってくださったすべての方に、お伝えしたいことが2つあります。

1つめは、**「あなたの会社は売れます」**ということです。

ご存じのとおり、今、**企業を売り買いするM&A市場は大活況**です。

大企業はもちろんですが、最近では、効率的に事業や販路を拡大したいと思っている中小企業やベンチャー企業も、「魅力的な会社、いい会社があったらすぐにでも買いたい」と思って探し回っています。

ところが、M&A市場の活況の裏で、ある問題が急増しています。

これはお伝えしたいことの2つめ、**「本来、売り手企業にとって有利に働くはずが、悪徳業者にだまされて安く買い叩かれたり、アドバイザー企業の知識不足などから不利な条件で大切**

な会社を手放したり、という不幸なM&Aが急増している」という事実です。

「思い立ったが吉日です。社長が急に病気になってからでは遅いのです」
「安心してください。円満に短期間で解決します！」

このような営業トークを信じてしまったがゆえに、

- 本当は2億円で売れる会社を5000万円で手放してしまった
- ライバル会社にだけは売りたくなかったのに、買い手企業がさらに高い値をつけてライバル企業に自分の会社を売り飛ばしてしまった
- 従業員の雇用だけは守ると約束したのに、全員リストラされてしまった
- 買い手企業側にメリットがないM&Aを仲介会社が強引に行い、結局、倒産してしまった（共倒れ）

といった、ありえない結末、あってはならない結末を迎えるケースが後を絶たないのです。

こうした現実に、私は強い憤りと怒りを覚えています。

- どんな小さな企業でも、もっと高く、もっと幸せな形で売れるのに（憤り）
- 弱い立場につけ入る悪徳業者から、中小企業を守りたい（怒り）

現在のM&Aは、売り手企業にとっても買い手企業にとっても、はたして心から納得できる結果を与えられているでしょうか。関係したすべての人と企業が、満足できる取り組みになっているでしょうか。

本当に「幸福なM&A」が行われているのでしょうか。

そう尋ねられたとき、多くの「不幸なM&A」を見てきた私は、必ずしも首を縦に振ることができません。それをどうにかして改善したいと思ったのが、本書を執筆する動機の一つです。

✓赤字でも債務超過でも小さすぎても、売れます！

いくら売り手市場といっても、中小企業の経営者からは不安の声が上がります。

「赤字だけれど、会社は売れるのか」
「地方にある何の特徴もない小さな会社だが、会社売却なんてできるのか」
「売上は減少傾向で先行きも暗いが、興味を持つ会社はあるのだろうか」
「債務超過でも、売れるのだろうか」

「管理部門に人を回す余裕がなく、正直、会社の体制は甘いが、大丈夫だろうか」

「会社売却と同時に、銀行の個人保証や自宅の担保提供を外したいのだが……」

いずれも答えは**「YES」**、大丈夫です。


私は20年近く中小企業に特化したM&Aに携わってきました。

沖縄から北海道まで、**社員1名・売上ゼロの会社から債務超過数億円の会社に至るまで、数多くの企業のM&Aを成立させた経験**から、断言できることがあります。目まぐるしく変化する市場の中で、中小企業が生き延びることは並大抵のことではありません。今日まで会社を存続させることができたということは、あなたの会社に何らかの存在意義があるという証明にほかなりません。たとえ零細企業だったとしても、**小さいなりに何かしらの強みがある**はずなのです。


存続できる理由と「自社の強み」を経営者と一緒になって探し出し共有し、その価値を最大限に評価する相手を見つけ出して、彼らに会社の魅力を正しくしっかりと伝えること。このことが**「会社を売る」ときに、何より大切**だと考えています。

その結果、予想の何倍にもなる評価を買い手企業から得ることも稀ではありません。

詳しいことは後でお伝えしますが、**赤字でも、債務超過でも、これ以上小さい会社はないと**

いうくらい小さい会社でも、やり方次第で、高く売ることができるのです。

その「やり方」を、具体的な事例とともにお伝えするのが、この本です。

極論すれば、あなたの会社に隠された強みを、本書を通じて見つけるだけで、**会社を売らなくても、今抱える「会社をどうしよう」という問題までもが解決してしまう**かもしれません（そうなると、商売上がったりですが、それはそれでうれしいことです）。

✓会社の売却は一生に一度。失敗や後悔をしないために知っておくべきこと

中小企業にとって、**会社の売却は一生に一度**、最初で最後の大仕事です。

しかし、買い手企業と仲介会社がタッグを組んで「（会社を売るということは）こういうものですから」と押しつけられてしまうと、売り手企業の経営者は抗《あらが》うことができません。

「こんな良い条件はありません。早くまとめてしまいましょう」という仲介会社の言葉に、「これを逃したら売れないかもしれない。そうなったら、会社がなくなり、事業がなくなり、従業員が路頭に迷うかもしれない……」と、不安になる社長さん（売り手企業）。

そんな不安や恐怖があるため、仲介会社の提示した条件に素直に従ってしまうのが中小企業

の弱みなのです。しかも一生に一度の決断に対し、「失敗した」と後悔しても、もはやどうすることもできません。

現在、日本の中小企業のM&Aは、ほとんどが仲介という形で成り立っています。

仲介会社は売り手と買い手、双方から手数料をもらい、両方の間に入って話をまとめるケースがほとんど。いわゆる**「両手仲介」**です。もちろん「両手仲介」が必ずしも悪いとは言えません。それぞれの事情をよく知っているからこそできる最良の提案もあると思います。しかし、その一方で、売り手と買い手、両方の事情を知ってしまうと、どうしても手早くまとめて、自分たち（仲介会社）の利益を確保する方向で仕事をしてしまうおそれも生じてしまいます。

✓高く売りたいし、安く買いたい。両手仲介が抱える「利益相反」問題

当然ながら、売り手は高く売りたいし、買い手は安く買いたい。このように**利益相反**します。実際に、双方の利益が衝突する問題については、本質的な相互理解を得ないまま成約するケースが散見されます。

それゆえ、**「不幸なM&A」は後を絶たない。**これは非常にゆゆしき事態だと思っています。

私の会社の場合は、売り手なら売り手、買い手なら買い手の、**どちらかだけの代理人**になります。こうしたアドバイザリー業務は、大企業や海外では常識です。そうして、売り手の側に立つときは、売りたい時期の1、2年前からその会社に関わり、じっくりコミュニケーションを取りながら売り手企業と信頼関係を醸成し、その会社の「強み」を探して「磨き上げ」を行い、より高く売れるようアドバイスをしています。

残念ながら、日本の中小企業のM&Aにおいては、この本で紹介するような**「売り手の本質的な価値を見つけ出し、最良の相手（買い手）を丹念に探して交渉する」**というプロセスはまだ一般的ではありませんが、これからの時代、中小企業の事業の円滑な承継と発展に、こうしたプロセスは不可欠だと考えます。

しかし、「早く円満解決しましょう」と仲介会社は言います。

「助言行為のような、片側に立ってしっかりと寄り添うことができればいいと思いますし、それは僕らも理想だと思いますよ。そういう時間的な余裕がある会社さんであったら、それはそれで、いいんじゃないですか（いやみっぽく）」

「でも今回は、ゆっくり時間をかけるヒマは（われわれには）ないので、早く円満解決しましょう（効率よくちゃちゃっと会社を売ってしまいましょう）」と、売り手側である中小企業の経営者を焚《た》きつけます。

こうして強引な形で成立させたM&Aは、結果として買い手企業にも不利益を与えてしまう。その点においても「不幸」なのです。

長年、さまざまな会社のM&Aを実行してきましたが、私たちは**売り手と買い手企業の双方が満足し、さらには従業員にとっても幸せな結果となるM&A**を目指しています。

✓日本の中小企業へのひとかたならぬ思い

中小企業へのひとかたならぬ思いの原点は、私の生い立ちからきています。

私は四国の香川県出身、自営業の父親と小さなバレエスタジオを運営している母親に育てられました。

高校生のとき、父親が脳血栓で倒れてしまい、父親の事業は停止。母親が寝ずに働き続けることで、家族は支えられました。

自営業の私の両親とは規模は大きく異なるかもしれませんが、中小企業の経営者も余人に代えがたく、公私の区別なく事業に取り組んでおられる方が多いと思います。そんな経営者の方々の大きな意思決定に確かなアドバイスを提供したい、その思いで事業を始めました。

私が仕事をしていてうれしいと感じるのは、事業承継をお手伝いした後、経営者の方や、M&Aの後、買収された「嫁入り先」で働いている従業員の方々から**「あのバトンタッチがあって、本当によかった」と言ってもらえたとき**です。

事業としては、うまくいくケースも、思っていたほどには伸びない場合もありますが、新しい会社で働くことになった人が、リストラにも遭わずに楽しく働けているというのが、いちばんいいことだと思っています。それに、仕事というものは、やはり会社だけで成り立っているのではなくて、**働く人の家族や友人といった個人的なつながりにも支えられていて、そのことで経営者はがんばれる**わけです。

✓いくらで売れる？　どうすれば高く売れる？　知りたいことだけを1冊に！

この本では、会社を売ることを検討している経営者からよくいただく疑問にも答えています。

「うちの会社はどのくらいで売れるのだろうか」
「より高く売却するために、やっておくべき改善策はないだろうか」

「M&Aはどのくらいの期間でまとまるものだろうか」
「会社売却を、誰に、いつから、どのように相談すればよいのだろうか」
「買い手の狙いは何だろうか。この買い手と基本合意して次のステップへ進んでよいのだろうか」
「会社売却の手続きでは、親族、役員、社員、取引先、金融機関、顧問税理士、顧問弁護士等の関係者にどのような順序でどのような内容を伝えるのだろうか」

加えて、中小企業の経営者のみなさんが**「自分ごと」**として、実感をもって読み進められるよう、**具体的な事例**（企業が特定されないよう多少脚色していますが）や**チェックリスト**などを紹介しながら、最低限、これだけは知っておいてほしいことをまとめました。

事業承継などでM&Aを検討しようと思うすべての方、そして、それらの方々をサポートされる金融機関や税理士、弁護士の方々に、最新の現場からお伝えするものです。

この本は「売り手」側に立ってまとめていますが、**「買い手」側の方が読んでも役立つ**ことでしょう。なぜなら、売り手にとって最良のM&Aは、買い手にとっても幸せな結果をもたらすからです。

会社を1円でも高く、従業員の待遇もできる限りよくして、売りたい。悪徳業者にだまされることなく、買い手企業にとっても満足のいく幸せなM&Aを実現したい。この本が、経営者が人生のすべてを注ぎ込んだ会社を、一点の曇りもなく、より成長する企業へと、「タスキをつなぐM&A」を実現するための一助になることを願っています。

岡本 行生

2019年6月

※本書の各事例では、私が売り手か買い手の財務アドバイザーに就任している事例に留まらず、セカンドオピニオンとして相談された事例や、他社でM&Aが成立したものの、後になって取引の解消のために相談に来られた事例なども含んでいます。また、売り手や買い手の当事者自身の情報については、実際の情報を修正加工して表現している場合があります。

第 1 章

あなたの会社を食いものにする悪徳業者にだまされるな！

売り手市場で急増するトラブル案件

4、5年前の3倍以上の値がつく「売り手市場」

今、M&Aは**空前の「売り手市場」**です。

理由はさまざまですが、比較的好調な株式市場が大きく影響しています。会社の譲渡価格は、株式市場に連動して高くなる傾向があるからです。売り手企業にとっては譲渡価格が高いに越したことはありません。株価が高いときは「売りどき」とも言えるでしょう。

一方、**株価の上昇は買い手の資金力にも直結**します。時価総額の上昇は買い手の購買意欲を高め、M&Aが成立しやすくなったのです。

加えて、金融機関が融資先に困るほどの状況が生まれました。

10年前までは、金融機関が中堅、中小企業の買収資金を融資することはなかなか認められませんでした。しかしこの10年で、金融機関のスタンスが変わってきています。上場企業や大手企業のみならず、中堅企業に対しても買収資金を供給するようになってきたのです。

事業を継続させるためのキャッシュフローがあるなら、中小企業の成長戦略の一環としても、買収資金融資に積極的に取り組むべきだ。そんな風潮が強くなりつつあります。

現に、以前であれば絶対にまとまらなかったM&A案件が、ここ5、6年はまとまるようになっています。

ある会社の経営状態が同じ水準だったとしても、5、6年前は最終利益の3年分ののれん代しか付かなかったのに、**今は5年分、10年分という高額が提示されることも珍しくありません。**

3年分の利益しかもらえなければ、売り手企業は3年だったらがんばって乗り切ろうと考えます。しかし、10年分の利益が手に入り、なおかつ銀行債務の個人保証から解放されるのであれば、売却したほうがいいと考えるはずです。

売り手市場なのに、損をするのは売り手企業!?

第2章では**「一見ダメな会社でも売れる」という事例**を多数紹介します。

売り手市場のなか、これまでは売却するにはネガティブだと思われていた要素があっても、小さな会社が売れ続けています。買い手企業は、常に「いい会社はないか」と探している状態です。まさに読者のみなさんにとって「追い風」の状況にあるといっても過言ではありません。

どんな会社も売れる。

自分の会社も売れるかもしれない。

期待を持たれた方も多くいらっしゃるのではないでしょうか。

ところが、安心できない要素もあります。

本来、売り手市場とは売り手企業に有利に働くはずです。それなのに、なぜか**売り手である中小企業のほうが損をするケースが急増**しているのです。それは、いったいなぜなのでしょうか。

理由は単純です。

売り手企業にとって「会社を売る」ことは、一生に一度あるかないかのレアケースです。一方の買い手企業はどうでしょうか。

資金力のある買い手企業や、M&Aの仲介会社や、私たちのような助言会社は、過去に何十件、何百件、何千件の案件をまとめてきた「強者《つわもの》」です。何度も「会社を買う」ことを経験しているため、交渉などの経験値に圧倒的な差があることがほとんどです。

つまり、**売り手企業は、**

- 知識がない
- 情報がない
- 経験がない

という「3ない」状態なのです。ということは、売り手企業にとって不利な取引になる可能性も高いのです。つまり、**安く買い叩かれてしまう**ということです。

さらに言えば、売却するのが自分の会社ではないため、思い入れの希薄な「いい加減な業者」が少なくありません。知識と経験のないオーナーや経営者を手玉に取ってぼろ儲けしようとする、不届きな輩《やから》もいます。

そこまでの悪意がなかったとしても、売り手企業の知識不足により買い手企業にいいようにあしらわれ、不当に安い価格で売却させられてしまう可能性は否定できません。

M&Aが増えているいまこそ、こうしたトラブルを事前に避けるため、売り手企業であるみなさんに、

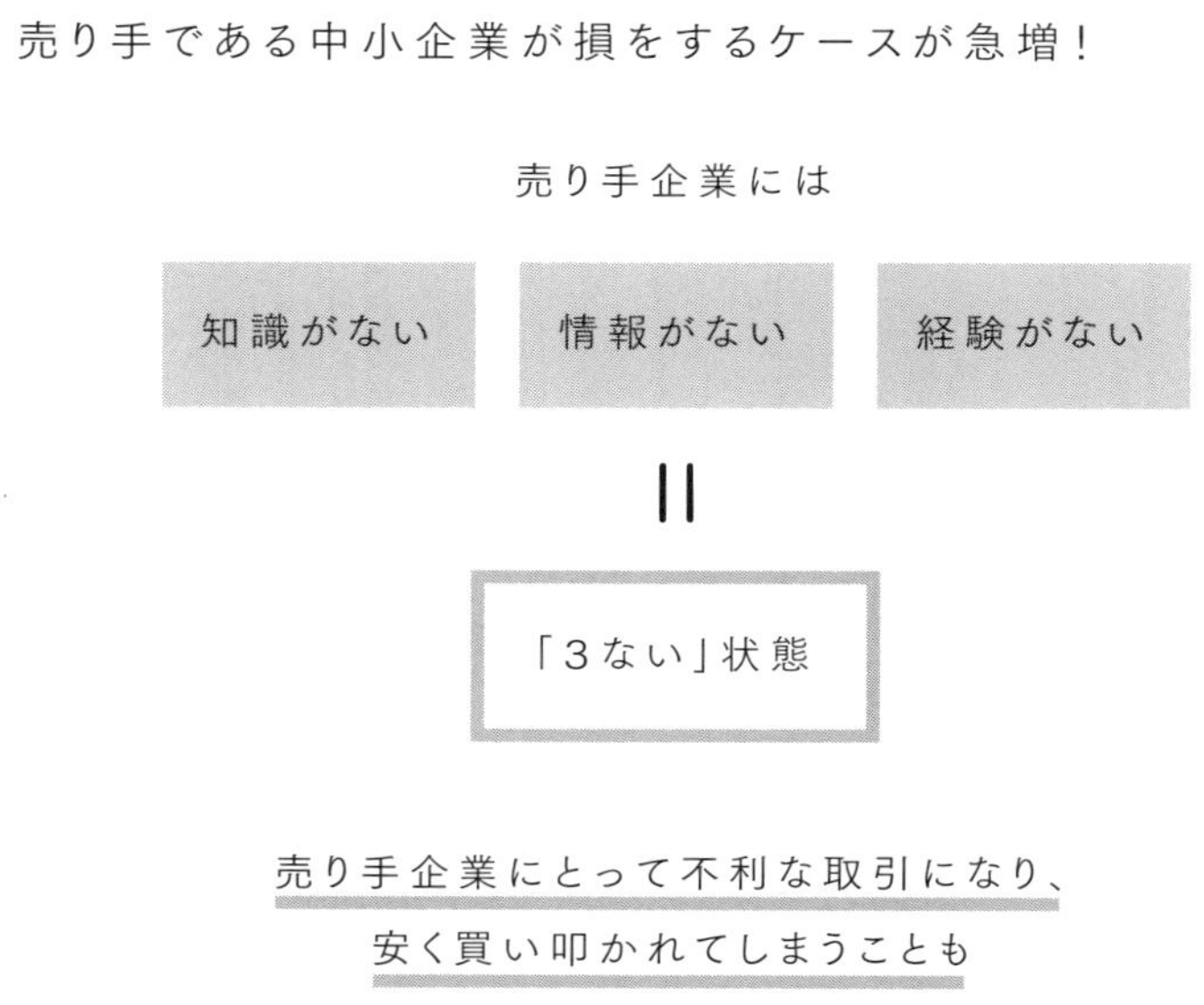
売り手である中小企業が損をするケースが急増！
売り手企業には
知識がない
情報がない
経験がない
「3ない」状態
売り手企業にとって不利な取引になり、
安く買い叩かれてしまうことも

●正しい知識
●正しい情報
●自社の強みを見極める目

を身につけてもらいたいと思っています。

そして、安心して一生に一度の一大イベントを、幸せに乗り切っていただきたいのです。

本章では、M&Aで起こり得る典型的なトラブル事例をご紹介します。それを読んで、ご自身の会社を守りながらM&Aに取り組む知識と態度を体得してください。

怒りの事例 1

もっと高く売れたのに！ 仲介会社の知識不足と資金難のあせりで残念な結果に

あらかじめお伝えしておきますが、このケースは買い手企業に悪意はありませんでした。**売り手企業の知識不足によって不当に安く売ってしまったという、典型的な事例**です。

売り手企業A社

- 顧客企業に従業員とパートナー企業の従業員を合わせて100人あまりを派遣するシステム開発会社
- 売上が7億円から8億円、営業利益は4000万円から5000万円を計上し、営業利益率が5%を超えるまずまずの業績
- 借入金は3億円あるが、総資産は6億円、現預金が1億5000万円、純資産も1億円を超えていて、実質負担はそれほど重いわけではない

✓企業の売却価格の目安を計算してみる

企業の株式価値を算定する一つの目安として、業種ごとに算出された**「営業利益の倍」という指標**が参考になります。業種や時期によってこの数字は変化し、時には2倍から3倍、場合によっては10倍になることもあります。

このケースのシステム開発技術者を派遣する会社の場合、２０１８年前後は人手不足の背景もあり、営業利益の６倍から８倍が標準的とされていました。８倍の金額から交渉を始めてもおかしくありませんでした。そこで算定した金額から「借入金マイナス現金」で求められる「純有利子負債」を差し引けば、その会社固有の要件を加味しない売却価格の目安を弾き出すことができます。

具体的に、A社の売却価格を計算してみましょう。

営業利益を４０００万円として仮に指標の８倍を掛ける

A社の売却価格を計算すると…

営業利益 4000万円 × 指標 8倍 ＝ 3億2000万円 ［算定金額㋐］

借入金 3億円 － 現預金 1億5000万円 ＝ 1億5000万円 ［純有利子負債㋑］

＝

㋐－㋑ **1億7000万円** ［株式価値の水準㋒］

㋒がA社の売却価格の目安

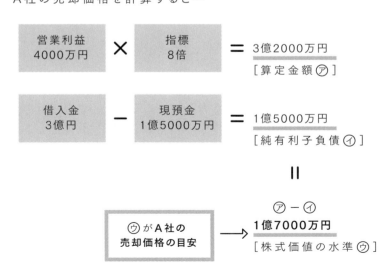

と、その値は3億2000万円となります。

一方、借入金3億円から現預金1億5000万円を差し引いた純有利子負債は1億5000万円となります。3億2000万円から1億5000万円を差し引いた金額が、この会社の株式価値の水準となります。

計算すると**1億7000万円**、これが**A社の売却価格の目安**となります。

「急いで売りたい」オーナー。「早く決着をつけよ」と急かす仲介会社

これまでの常識では、このような問題のない会社が事業承継を急ぐケースはあまりありません。ただ、63歳のオーナーの病気がわかり、早めに事業承継を成立させたいと仲介会社に依頼したのです。仲介会社もオーナーの事情を察し、早くまとめてあげたいという思いが強くなっていたようです。

先ほどの計算でも明らかなように、現預金が1億5000万円あるので、純有利子負債は1億5000万円です。しかし、実際には借入金として貸借対照表に3億円が計上され、5年返

済の約定によって毎年6000万円の元本を返済しなければならない現実があります。ところが、この**「毎年6000万円の元本返済」という言葉がひとり歩き**し、オーナーにも仲介会社にもあせりが生じてきます。

「毎年6000万円を返済しないといけないのに、営業利益は4000万円しかない。借入金には病気のオーナーの個人保証も入っている。もし、銀行から急に返済を迫られたらどうしよう。もし、急に業績が悪化し、赤字になったらどうしよう」

病気で気が弱くなっていたオーナーに、そんな不安が強くなっていきます。とにかく早く決着をつけてほしい。複数の業者に売却価格を算出させて比較することもせず、仲介会社を1社に絞って急がせます。

不安から解放されたい一心で、1億円で会社を売却

このケースでは、仲介会社に悪意はありません。とにかくオーナーの要望に応えることしか頭になかったようです。しかも、この仲介会社の担当は、企業の株式価値を算定する目安とな

る指標を知らない節《ふし》がありました。

「いままで蓄積してきた純資産が1億円ですし、オーナーが病気になったからには**今後の業績がどうなるかわかりません。純資産と同額の1億円で売れれば十分なのではないでしょうか**」

M&Aの知見があれば、このような言葉は絶対に出てきません。しかしオーナーは、不安から解放されたい一心で、無知な仲介会社の言葉をうのみにしてしまいました。

割安な価格で売りに出された案件を、会社の買収と売却を繰り返して利益をあげる投資ファンドが見逃すはずはありません。

結局、この会社は投資ファンドに**1億円で売却されてしまいます**。もちろん、その時点でオーナーは借入金の個人保証から解放され、将来に対する不安が取り除かれたプラス面は否定しません。

ただ、買収した投資会社は、売り手企業のシナジーを得るために事業を買ったわけではありません。会社の**内容のわりに売却価格が安かったから買っただけ**です。

安く買った会社を何倍も高く売る「したたかな買い手企業」

現に、投資会社は1億円で買ったこの会社を、**わずか1年半後に3億5000万円で売却し、2億5000万円の利益**を手にしています。

1年半でこの会社の価値が3倍強に急上昇したとは考えられません。会社の実態は変わっていませんし、金融市場の環境にも特段の変化は起こっていません。そのなかで、**なぜ3倍強で売れた**のでしょうか。

投資会社の性質から、この会社に興味を示しそうな会社を数多く知っていて、そのなかでもっとも高い金額を提示しそうな相手を探し出すという芸当ができたからかもしれません。しかし、普通に考えれば**1億円という金額が明らかに割安だった**のです。逆に言えば、投資会社が売却を成立させた3億5000万円という金額が、M&A市場における**この会社の実質的な価値**だったと考えていいと思います。

先ほどの計算では、営業利益が4000万円の場合の株式価値は1億7000万円でした。仮に、営業利益を5000万円として計算すれば、売却価格の目安は2億5000万円になります。

本来のM&Aのプロセスでは、この会社の個別の内容を精査し、売却価格の目安を補正していきます。たとえば、事業に関係のない余剰資産があればその時価を加算したり、未払いの残業代があれば減算したりします。この会社には、見るべき大きな加算価値があったからこそ、3億5000万円で売却できたのかもしれません。

事情はどうあれ、**売り急いだために、そして仲介会社にM&Aの知識がなかったために、この会社は差し引き2億5000万円の大金（収益）機会を逃した**のです。

たしかに、オーナーは心配事から解放されましたが、そこで働く従業員はどのように感じるでしょうか。一度ならず二度も自分の勤める会社が売りに出されてしまい、その都度「自分はどうなるのか、クビになるのか」とビクビクしながら働かなければならなかったでしょう。人が財産で

不当に安く売られて大損!?

A社の売却価格の目安

＝

1億7000万円

↓ ところが
・「急いで売りたい」オーナー
・「早く決着をつけよ」と急かす仲介会社

投資ファンドに1億円で売却

↓

その投資ファンドが 1年半後に3億5000万円で売却

↓

差し引き2億5000万円の大金（収益機会）を逃した

あるシステム開発技術者の派遣業、働く人たちが逃げ出したくなる環境で、未来は本当に明るいのでしょうか。

日頃から付き合いのある顧問税理士、顧問弁護士に依頼する際は注意

業種ごとに異なる指標（正確には類似する上場会社から導出される指標を使いますが、概算評価を行う場合には業種ごとの指標を使うことが一般的です）を使った株式価値の算定方法は**「類似会社比較法（マルチプル）」**と呼ばれます。第5章で詳しくご紹介しますが、マルチプルとは倍率という意味で、それぞれの**業種の特性に応じて指標について、目安となる倍率が決まっています。**

もとになる数字についても、先ほどは営業利益と説明しましたが、最終利益にしたり、減価償却費が多額になったりする業種では営業利益ではなく「ＥＢＩＴＤＡ（Earnings Before Interest, Tax, Depreciation and Amortization）：概算値としては（営業利益＋減価償却費）を採用し、（営業利益＋減価償却費）」を採用し、２つの数字の組み合わせをもとにして株式価値を

算出します。

M&Aに取り組むうえで、マルチプルを知っておくことはとても重要です。

M&Aの助言をする側が知らないのは言語道断ですが、**売り手となる中小企業も自己防衛のためには知っておくべき**でしょう。なぜなら、中小企業が必ずしもM&Aの専門業者に依頼するとは限らないからです。

とくに地方の中小企業が、日ごろから付き合いのある顧問税理士、顧問弁護士にM&Aを依頼するケースが増えています。地元に専門業者もなく、平素の人的関係から顧問税理士、顧問弁護士に依頼せざるを得ないからです。

彼らは自分の専門分野の知識は豊富でも、M&Aの専門知識を持っているとは限りません。だから、**安易に純資産で売ってしまったり**、なんとなく「あと2、3年は黒字が続くだろうから、純資産価格に過去2、3年の利益を足した金額で売れれば妥当でしょう」などと、**市場価格とは大きくかけ離れた数字を持ち出してきたりする**ことも、しばしば見受けられます。

昔から恩義のある「大先生」にそう言われると、なかなか反論できないのがつらいところです。その点、市場価格の一つの重要な目安となるマルチプルを知っていれば、不当な安売りをせずに済み、会社にとって不利益な結末を迎えることも避けられると思います。

「転用できる技術」は会社の価値を押し上げる

大幅な売却価格の差には、もう一つの理由が隠されていました。この会社には**貸借対照表には表れない技術資産があった**のです。

技術者100人のほとんどは、顧客のウェブ系システムを構築するシステムエンジニアで、大半が顧客先に派遣されています。しかし、10人前後の技術者は、顧客から依頼されたシステムを請負形式で開発していて、年々請負形式での開発の比率が大きくなっていました。しかも、請負形式による開発プロジェクトの利益率は高い。ここにポイントがありました。

技術者は、半年から1年前後で次々とプロジェクトを渡り歩き、さまざまな技術を習得します。通常のシステム派遣会社では、プロジェクトとプロジェクトの間の空白の時間を作りたくないため、技術者は休む間もなく次のプロジェクトに移行します。しかしこの会社では、プロジェクトとプロジェクトの間に、一定の充電期間を入れる仕組みを構築し、それぞれがプロジェクトで習得した要素技術のうち、汎用化できる技術やプログラムを整理し、**社内に蓄積**していました。

元々、派遣先でバラバラになりがちな技術者の帰属意識と連携を高めるため、自社の研究開発的な位置づけで導入された仕組みでした。しかし、結果としてシステムに利用できる汎用性の高い技術がライブラリー化されたことで作業時間が短縮され、バグの発生も低減しました。それをもとに、利益率の高い請負形式の開発を伸ばしていくことにつながったのです。

技術的な裏づけがあり、成長の可能性があると判断できれば、株式価値の評価も大きく上方修正される可能性があるかもしれないのです。

本当は3倍以上、3億3000万円で売れたかもしれない

この材料を加味していれば、営業利益は4000万円から5000万円ではなかったでしょう。請負開発部門の営業利益が毎年500万円ほど改善していて、今後もその基調は続くと説明できれば、**この会社の営業利益の水準は6000万円**と主張することができます。そうなると、6000万円に8倍を掛け、純有利子負債の1億5000万円を引いた**3億3000万円から交渉をスタートさせてもおかしくない**のです。実際、この会社の翌年の業績は、売上は変

わっていないのに営業利益が6000万円近くまで上昇したそうです。

M&Aを**サポートした業者の知識不足、売り手企業の知識不足は、売却価格を大きく下げる**要因になってしまいます。業者の知識不足はコントロールできませんが、売り手企業が少しでも知識があれば、業者を選択するときの判断材料になります。不当に安い価格で売却するリスクも、未然に回避できるのです。

POINT

怒りの事例1から学ぶべきポイント

不当に安い価格で売ってしまわないために

- ✓ 自社のM&A市場価値の目安を知ること
- ✓ あせって売らないこと
- ✓ 自社の本当の価値を見つける過程を踏むこと

怒りの事例 2

仲介会社が億単位でピンハネ！買い手と組んで安値で売らせる悪徳業者

私たちはM&Aの助言会社なので、一つの案件で売り手企業側か買い手企業側のどちらかにしかアドバイスをしません。売り手企業と買い手企業は利益が相反しますので、どちらも満足させるアドバイスなどできないからです。

一方、仲介会社は売り手企業側と買い手企業側の双方と契約を交わします。売り手企業と買い手企業を引き合わせ、双方に取引に関してのアドバイスを行う。そもそもこの仕組みが健全ではないのですが、**成功したときの手数料も、売り手企業と買い手企業の双方から受け取ります。**

普通に考えれば、**利益相反**となります。ただ現在の日本において、この仕組みは商道徳的な問題を内包するものの広く見受けられます。仲介会社が悪だと言っているわけではありません。だからといって問題がないともいえません。次にご紹介するのは、双方から手数料を徴収する

仲介会社と助言会社の違い

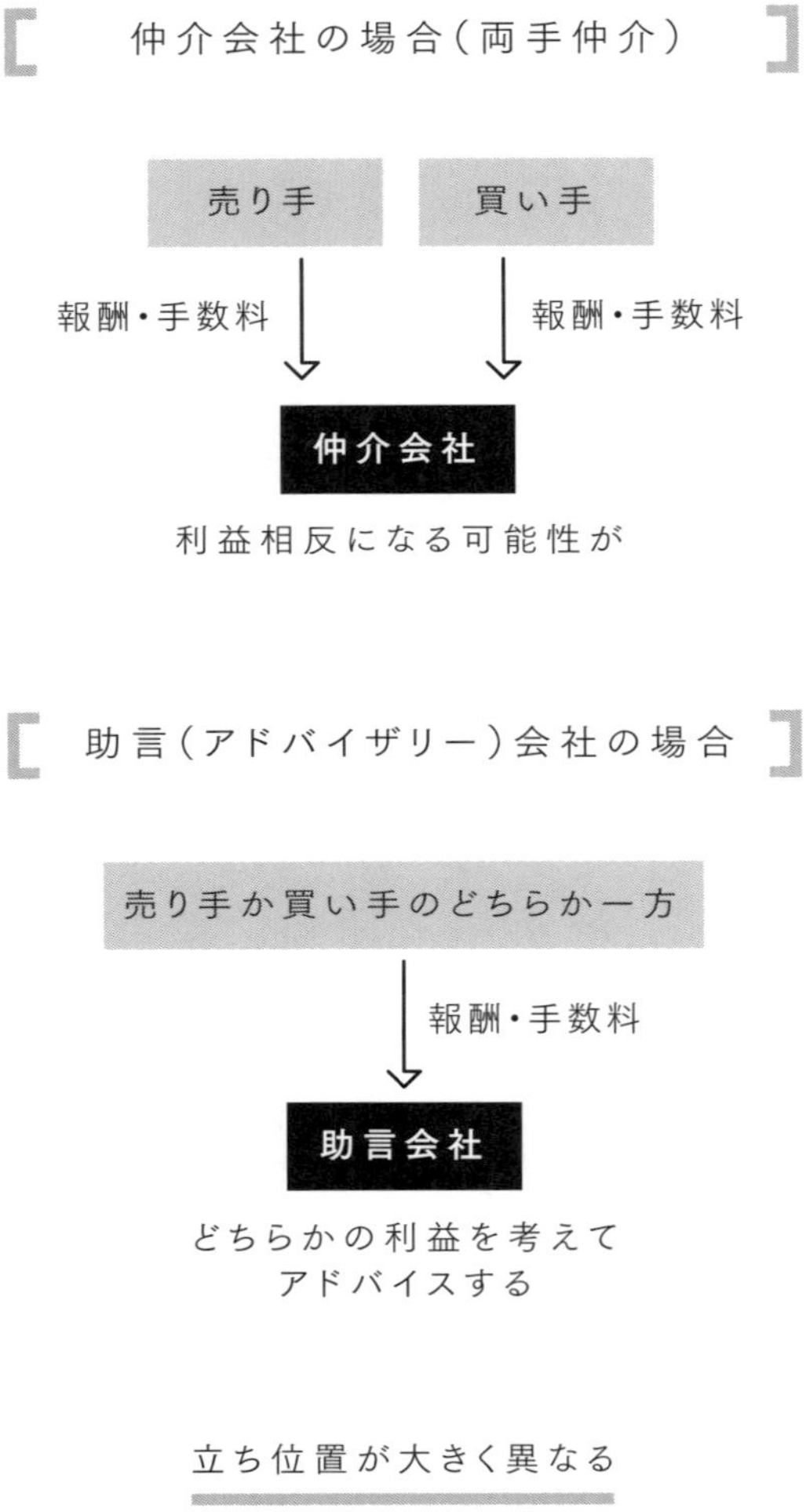

取引形態を逆手に取った**悪質なケース**です。

悪徳業者の甘い誘惑
タダより高いものはない！

事業を健全に営み、健全な財務状況にある中小企業の売却案件は、仲介会社、助言会社とも契約を望みます。競争を勝ち抜くため、それぞれの業者は懸命に営業活動をします。その状況で、こんなアピールをする仲介会社を見かけます。

「売り手さんからは1円も報酬はいただきません」

「手数料は買い手からいただくので、売り手さんには無料で誠心誠意尽くします」

この営業トークは、売り手企業には魅力的に映ります。

「手数料なしで買い手企業を見つけてくれるなんて、何と良心的な業者なんだろう」

この誘惑に勝てる売り手企業がいるでしょうか。感激した売り手企業は、心をわしづかみにされてしまいます。無料で買い手企業を探してくれる仲介会社は、事情があって会社を売却せざるを得ない中小企業のオーナーや経営者にとっては、救世主のようです。それこそが、**悪徳**

業者がつけ込むワナなのです。

たとえば、売り手企業と買い手企業の手数料がともに5％だったとします。仲介会社が売り手企業から徴収する5％を放棄し、買い手企業から5％の手数料だけを徴収する場合、取引条件が適正に交渉されるという前提があれば良心的な業者と言えるかもしれません。

売り手企業から受領しない5％を買い手企業に上乗せし、買い手企業から10％を徴収する仲介会社も、買い手企業との合意があれば問題にならないと思います。

しかし、本来徴収できる手数料を放棄してまでクライアントのために尽くす仲介会社は、そうはいません。彼らは、こんな仕組みで依頼先をだましてきました。

はじめに、**買い手企業との間で通常では考えられない契約を結びます**。それはあらかじめ**「売却想定価格」を設定し、その想定価格より安い金額で買収できた場合には、想定価格と実際の買収価格の差額のうち、半分を成功報酬として受け取る**という内容です。

定価3000円のシャツを、セールで2000円で買ってきたとしたら、値引き分の1000円の半額、500円を成功報酬として払ってください、ということです。具体的に説明しましょう。

売り手企業を手玉に取るからくり。安く買い叩くことで、報酬は3倍に！

仲介会社が売り手企業の会社内容を大まかに調査し、売却想定価格として提示します。仮に営業利益が5000万円で純現預金が1億円ある会社をマルチプル（前項と同じ8倍とします）で求めた場合、個別の事情を考慮しないとすると、株式価値の**市場価格の目安は5億円**という数字になります。

この数字を、買い手企業との間であらかじめ定める売却想定価格と設定するのです。この金額で売買が成立した場合、通常の仲介会社の報酬体系であれば、株式の譲渡対価である5億円の5％の2500万円を、売り手企業と買い手企業から受領し、**合計5000万円の手数料を稼ぐ**ことになります。

しかし、悪徳業者は違います。売り手企業は仲介会社の算出した「本来の」売却適正価格を知らされないので、5億円という数字は知りません。悪徳業者はそれをいいことに巧みな話術で売り手企業を煙に巻き、こう言い放ちます。

「当社と取引のある買い手さんをくまなく回ったのですが、どうしても**2億円以上で買ってく**

れる会社が出てこないんです。でも、この会社は良心的ですよ。ここで決断しなければ、市場価格はどんどん下がっていってしまいますよ」

その会社しか好条件での買い手企業がいないように錯覚させ、その金額で合意しないと損をするような気になる心理状態に置き、追い詰めて契約を結ばせるのです。

賃貸マンションを借りようと思ったら、「こんないい物件すぐに埋まってしまうから、今決めないと。次にこんな掘り出しものが出てくることはありませんよ」と、不動産会社が急かしてくるのに似ています。

売り手企業の経営者は、M&Aを経験したことがない素人です。どのような金額が相場なのか判断基準を持っていません。「手数料はいらない」と言ってくれた良心的な業者なので、その言葉に嘘はないと信じ込み、うっかり契約書にサインしてしまう。その結果、**売り手企業は5億円で売れたはずの会社を、たった2億円で売却してしまう**ことになります。

安く買い叩かれた売り手企業。

では差額の3億円はどこにいくのでしょうか。

この詐欺まがいの仕組みは買い手企業も承諾していないと成立しないので、実質的には仲介会社と買い手企業で「山分け」することになります。買い手企業は3億円の半分、1億

悪徳仲介会社のやり口

市場価格の目安＝ 5億円 → 売却想定価格

［通常の仲介会社の場合］

売却価格は**5億円**

売り手	買い手
手数料5％＝2500万円	手数料5％＝2500万円

↓

合計**5000万円**の手数料

［悪徳業者の場合］

本来は**5億円**の適正価格だが
2億円で売却

売り手	買い手
手数料はいりません 0円	安く買えた差額3億円の1/2をいただきます

↓

1億5000万円の成功報酬

安く買い叩くことで、仲介会社の報酬が3倍に!
（売り手企業だけが大損）

５０００万円を仲介会社に払い、買収価格の２億円と合わせて３億５０００万円で売り手企業を手に入れた計算になります。**５億円の価値がある企業を３億５０００万円で買収できたのですから、買い手企業にとってはお得な買い物です。**

仲介会社は、**３億円の半額の１億５０００万円を手にし**ます。売り手企業と買い手企業双方から５％ずつの手数料を受け取る通常の仲介会社としての手数料契約に比べると、当初の予想通り５億円で売買が成立していたときに受領する手数料総額５０００万円の**３倍の金額を手にするのです**から、**笑いが止まらないはず**です。**売り手企業だけが、一人で大損した**ということになります。

ちなみに、仲介会社へ支払う手数料の算式もしっかり確認しましょう。

株式の譲渡対価に対して料率が生じているのか、移動す

仲介会社へ支払う手数料の算式も確認を

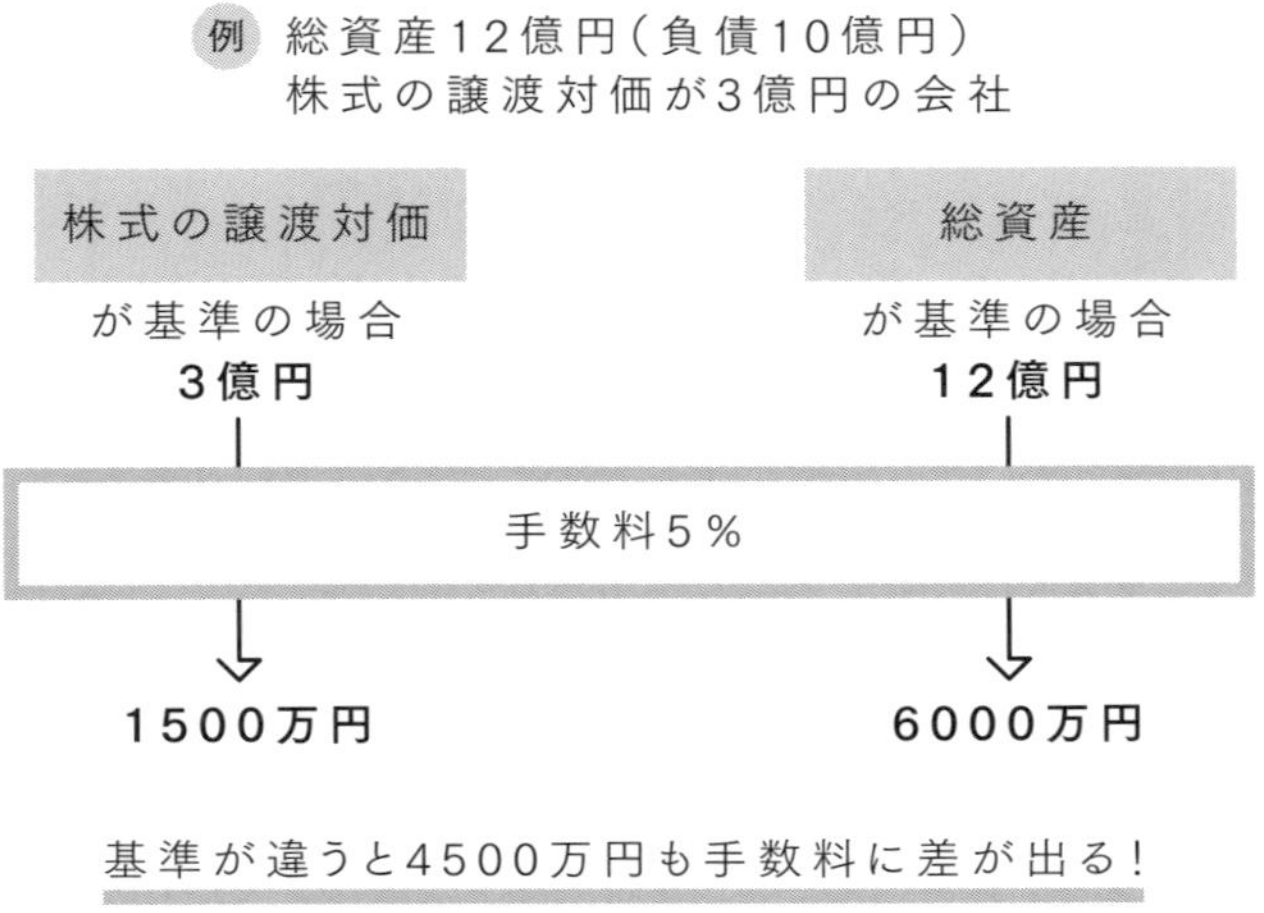

る総資産の金額に料率を乗じているのか、この違いは決定的です。

たとえば、負債10億円を有し、総資産が12億円の会社のM&Aにおいて、株式の譲渡対価が3億円であった場合、手数料が5%とすると、株式の譲渡対価を基準にすると、3億円×5%＝1500万円となる一方、総資産額を基準にすると12億円×5%＝6000万円となってしまいます。

M&Aの成果は株式の譲渡対価に集約されることを考えると、売り手にとっては、**株式の譲渡対価に対する手数料率とするのが合理的**です。総資産に対する料金体系となると、手数料が過大になりがちですので、十分留意しましょう。当然ながら、大手企業に対する助言会社の報酬体系は、基本的に株式の譲渡対価が基準となっています。

詐欺まがいの行為に引っかからないために

基本的には、売り手企業か買い手企業の一方としか契約しない助言会社を選んでおけば、間違いは起こりません。ただ、仲介会社はそれなりの強みもあるので、**仲介会社を選ぶ場合は、**

買い手企業との契約内容を確認するようにしてください。

利益相反の観点から、仲介会社は売り手企業に買い手企業とも契約している事実を開示しなければなりません。ただし、契約内容の詳細まで開示することは稀有なのが実態となっています。守秘義務を盾に開示しないと言われると、売り手企業はそれ以上の開示を求めることはできないでしょう。ここに仲介制度の問題が隠されていると言っていいと思います。**守秘義務の傘のもと、相手方との手数料体系が開示されないことから、このケースのような悪徳業者がはびこる**のです。

守秘義務を盾にされたら、売り手企業は何も言えません。それでも、開示してくれない仲介会社を不誠実とみなし、契約しない自由があります。私は、**買い手企業との契約を隠す仲介会社とは契約してはいけない**と考えています。

ある弁護士に確認したところ、仲介業務には仕組みとして利益相反があるのだから、仲介会社が買い手に有利な条件で成立させようというインセンティブが働いていないことを確認するため、売り手企業は買い手企業と仲介会社との契約内容も開示してもらうべきではないかとのことでした。

もし、契約内容を開示してくれなければ、仲介会社を選択する場合には少なくとも特定の1社と契約する「専任契約」ではなく、**複数の仲介会社と契約することで、売買条件を客観的に**

知ることができる状態に近づけておくべきです。

助言会社は、売り手企業と契約すると売り手企業の利益しか考えません。売り手企業の利益には、さまざまな利益があります。コンペにして複数の買い手企業に条件を出させることで売却価格を少しでも高くします。売却価格以外にも、第2章で紹介するような、「技術を守ってほしい」といった経営者の望みを叶えるのも**重要な利益**です。

「安過ぎるからもう1年待ったほうがいい」
「この買い手企業は高い価格を出しているけれど、事業をぞんざいに扱い、従業員もリストラしそうだからやめたほうがいい」
「この買い手は安い価格しか出してきていないけれど、真剣にシナジーを考えている。事業の発展を考えれば、受けたほうがいい」

価格だけではない売り手企業の利益をアドバイスし買い手と交渉できるのは、**売り手企業側だけについた助言会社**です。

仲介会社は、どちらかを立てればどちらかが引っ込むことになるため、売り手企業の価値を最大化するアドバイスや、買い手企業の要望に沿ってできる限り安い価格での買収に持ち込む交渉は、基本的には実現困難なはずです。それができないことこそがまさに利益相反であり、仲介会社の根底にある問題点だと思います。

また、売り手企業とのお付き合いは売るとき1回だけですが、買い手企業はたくさんの企業を買ってくれる「お得意さま」である可能性も高いはずです。となると、売り手と買い手、どちらを向いて商売をするか、容易に想像がつくはずです。

商道徳や倫理的に問題のある構造は、それに起因する大きな問題を派生させかねません。日本の中小企業のM&A市場におけるこの構造問題は、M&Aがより身近になり、さまざまな業者のトラブルが顕在化するなかで、時間をかけて解消されていくかもしれません。本書を手に取っていただいたみなさまは、少なくともそうしたリスクがあることを認識したうえで業者を選び、M&Aのプロセスを進めていただきたいと思います。

怒りの事例2から学ぶべきポイント

詐欺まがいの行為に引っかからないために

- ✓利益相反の恐れのある仲介会社を使う場合には、買い手側との契約内容も知っておくこと
- ✓契約内容を開示してくれなければ、特定の1社と契約する「専任契約」ではなく、複数の仲介会社と契約することでリスクヘッジする

怒りの事例 3

ライバル会社に売り飛ばされた！買い手とライバル会社の恐るべき結託

「絶対に売りたくない相手」を避けたのに……

ある地方の中古車販売会社のケースです。

病気がちなオーナーの後継者が不在で、早期の売却を希望していました。

オーナーの要望は、売却価格よりも購入から3年間は無償で修理に応じる自社独自の取引形態の維持と、従業員の雇用の安定です。独自の無償修理システムで顧客に長年愛され、地元で安定した業績を収めていた売り手企業には、多くの買い手が興味を示します。最終的に、A・B・C3社の競合となりました。

同じ地域で競合関係にあり、他府県でも展開する地域有数の中古車販売会社のA社は、最高価格の5億円を提示してきました。新車販売会社のB社とC社はそれぞれ、3億円と4億円を提示。価格だけで見れば、A社に売却するのが妥当な判断です。

しかし、売り手企業のオーナーは**「A社にだけは売却したくない」**と表明します。同じ地域で、**長年にわたって商売での衝突が絶えなかったから**です。

その原因は、保証についての考え方やアフターメンテナンスの方針が異なっていたからです。A社は、ユーザーの愛車を買い取ってすぐに十分な整備も行わず輸出業者に売ったり、顧客に安く売る半面、販売した後のメンテナンス対応が不十分だったり、対応したとしても高額の代金を請求したりしていました。効率化によって現場の販売コストを抑え、売り手企業よりも安い価格で売る方針でもありました。とにかく価格重視で規模拡大を志向し、商品の品質や従業員の育成に関しては非常に手薄に見えるため、ビジネスの基本スタンスの違いを痛感していたそうです。

販売員やメンテナンスサービスのスタッフを充実させることを重視していないA社に売却すると、これまで培ってきた顧客の信頼を損ねるというのが最大の理由でした。オーナーは頑なに拒否し、B社とC社のどちらかを選ぶことになります。

新車販売会社は、自動車メーカーの正規販売代理店で、メーカーの指導も手厚いため、サービスの品質については充実していると判断できました。どちらの会社も信頼できる会社だったので、2番手の4億円で入札した**C社への売却を決めます**。

裏で行われていたライバル会社と買収会社の資本提携交渉

このとき、新車販売会社に対する安心感もあって、売り手企業は**本来やるべき買い手企業の精査、C社の株主をはじめ重要な事業関係者のチェックや将来戦略の把握を十分に行いませんでした**。

新車販売会社のC社が減衰する新車市場を補うため、事業の多角化を経営戦略として掲げていること、将来的には大手中古車販売会社の買取システムを導入し、グループで中古車販売に力を入れる方針が立てられていたことなど、知る由もありませんでした。

売却成立後、その方針が着々と実行されていきます。売り手企業の役員は1人を残して解任され、代わりにC社から役員が送り込まれます。その中に、なぜかA社の関係企業の社員が入っていたのです。

しばらくすると、驚きの取引が実行されます。**売り手企業を買収したC社を、規模に勝るA社が買い取ってしまった**のです。

後で調べてみると、売り手企業の売却時点から、A社とC社の資本提携交渉が進められていたようです。その実現可能性は100％ではなかったかもしれませんが、A社の競合関係にあった売り手企業が、A社とC社の交渉状況を知っていればB社を選んだはずです。自動車の流通など再編が起こりやすい業界は、とくに買い手の経営戦略や財務状態まで細かく分析する必要があります。このケースは、そこまで手が回らなかったのが敗因でした。

結果的に、売却成立前に8店舗あった売り手企業の店舗網は統廃合され、5店舗まで縮小されました。従業員もリストラされ、100人から70人

買い手とライバル会社の恐るべき結託

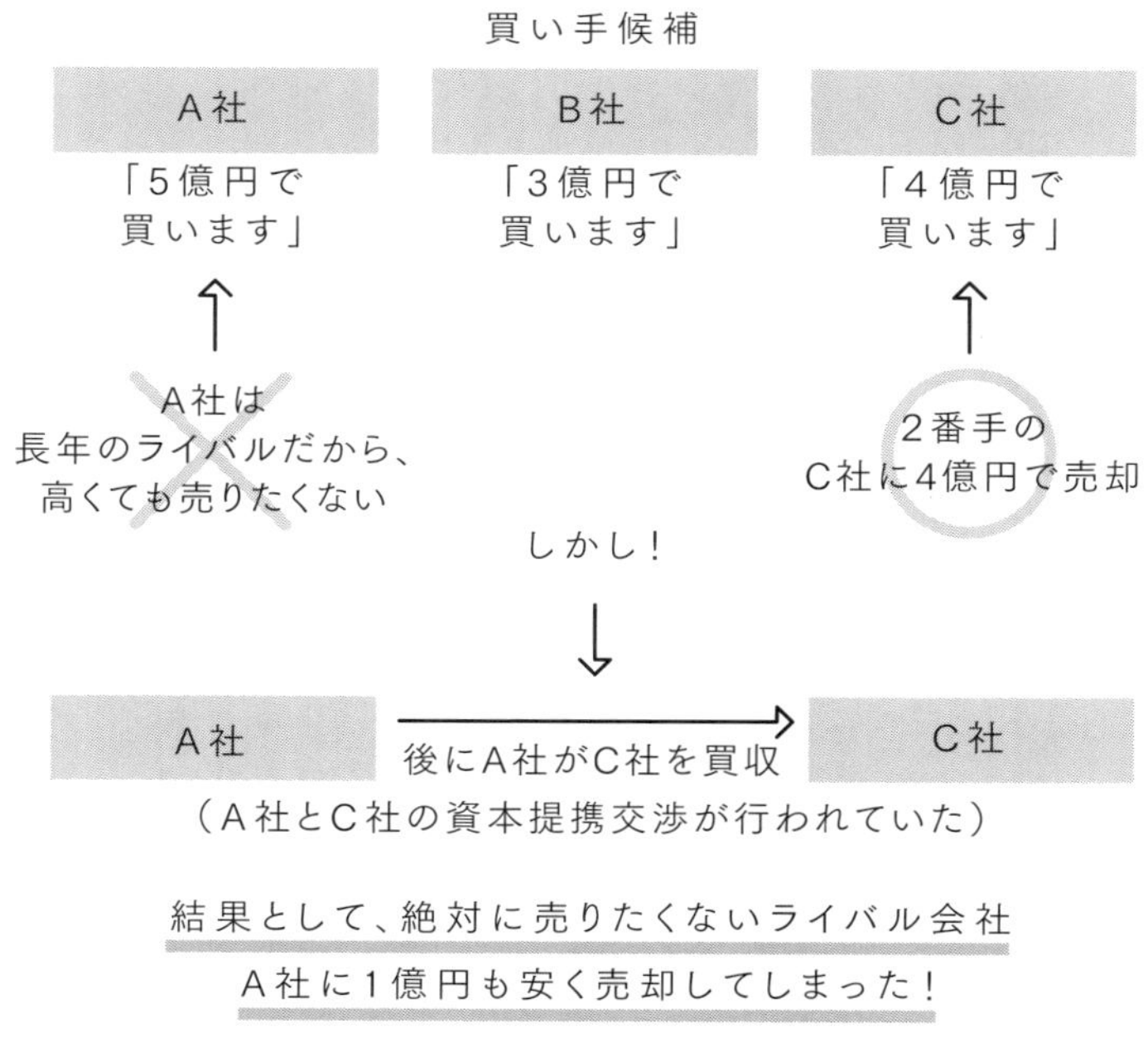
買い手候補
A社
「5億円で
買います」
B社
「3億円で
買います」
C社
「4億円で
買います」
A社は
長年のライバルだから、
高くても売りたくない
2番手の
C社に4億円で売却
しかし！
A社
後にA社がC社を買収
C社
（A社とC社の資本提携交渉が行われていた）
結果として、絶対に売りたくないライバル会社
A社に1億円も安く売却してしまった！

に減らされてしまいます。何よりも、売り手企業の信頼の源泉だった保証やアフターメンテナンスサービスが提供されなくなったことで顧客離れが起こり、従業員のモチベーションも低下したといいます。

売却後の戦略を確認し、譲渡契約書に拘束力のある形で条件を盛り込む

M&Aが実施された後の戦略、つまりPMI（Post Merger Integration）と呼ばれる統合戦略については、買い手企業から詳細にヒアリングし、売り手企業の条件を譲渡契約書に拘束力のある形で盛り込まなければなりません。それができていれば、最悪の事態は避けられたでしょう。

これは**非常によくあるケース**です。**より大きな企業やより信用力のある安定した企業と一緒になれば守ってもらえると思い違いし、蓋を開けたらそのままのみ込まれてしまったケース**です。

このケースでは、A社がC社を隠れみのとして使った可能性さえ疑われます。当初から悪意

があったのか、C社に売却が決定してからA社が提案したのか、**真相はやぶの中**です。しかし、事業方針や従業員を何より最優先したいという売却戦略であるならば、売却した後向こう何年間かの誓約を結ぶべきでした。

C社とA社の関係が近かったことも、買い手企業の「身体検査」を詳細に行っておけばわかったかもしれません。**買い手企業の「深掘り」を怠ると、最悪の事態になるという、典型的な事例**です。

POINT

怒りの事例3から学ぶべきポイント

望まない条件で売ってしまわないために

- 売却時には、買い手企業に対する精査も忘れずに!
- 気になる場合は、売却した後向こう何年間かの誓約を結ぶ

怒りの事例 4

会長が社長に内緒で会社を売却！社内は大混乱、M&Aは破談に

オンライン情報サービス会社の株式を100%所有するオーナー社長が、高齢かつ後継者不在のなか5年前に代表権のない会長に退き、業務執行を部下の社長に任せているケースです。

現場の社長に知らせずM&Aを進めるオーナー

オーナーが経営していた時代は、目立った業績をあげていませんでした。現社長に業務執行が委譲されるとともに急成長、社員は現社長を尊敬していました。オーナーと現場の社長との間にコミュニケーションはほとんどなく、むしろ株主総会ごとに経営方針の違いが鮮明になり、

徐々に対立構造が形成されていきました。

オーナーと現場の社長の間にコミュニケーションがとれていて、良好な関係であれば問題はほとんど起こりません。

しかし中小企業の場合、**オーナーと現場を任せている社長の意思疎通がうまくいかないケースは、よく見られます。**

たまにしか来ないのに、オーナーが現場で威圧的な態度で偉そうに言う。現場としては早く出ていってほしいというのが本音でしょう。このオーナーもその空気を察知していて、70歳を迎えて体調も思わしくないことから、**社長に事前に相談することなくM&Aを決意**します。

手続きは、水面下で進められていきました。複数の候補先からもっとも高い5億円を提示したA社に売却することを決意したオーナーは、基本合意書を締結。A社による売り手企業への詳細調査が行われることになりました。

当然、現場にも調査が入るので、社長に調査への協力を

会長が社長に内緒で会社を売りに！

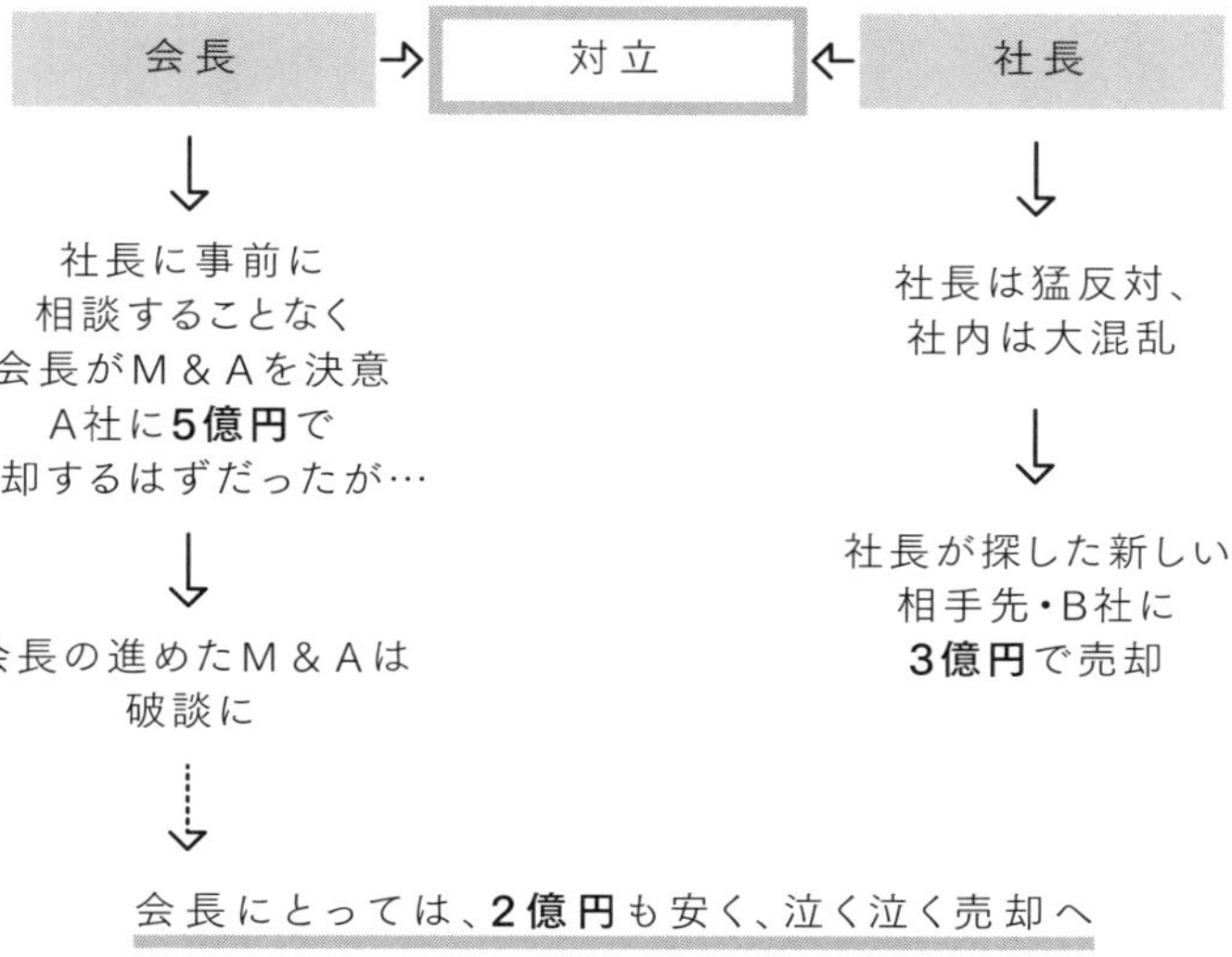

要請しなければなりません。オーナーは社長と面談を行います。このとき、初めてM&Aを進めていることを現社長に知らせました。

社長は猛反対します。社長である自分に何の相談もなく勝手に進めたこと、売却先のA社は、売り手企業の事業の成長に寄与するパートナーとして適切ではないことを訴えます。社長は、この売却を強行するなら社長を退任し、ほかの仲間も会社を辞めるはずだから、業務が立ち行かなくなるとオーナーに詰め寄ります。

オーナーは社長の解任も考えますが、会社が混乱することだけは避けなければならないと考え直します。それでも会社の売却は避けられないことを社長に伝え、買い手企業を探すことを指示しました。社長の探した買い手企業の中でもっとも高い3億円を提示したB社を譲渡先に決定します。

高く売れても、喜ぶのはオーナーだけ

オーナーと経営者の利害は基本的に相反します。

日本の中小企業の場合、オーナーと経営者が同一人である「オーナー経営者」が多いため、オーナーと経営者との間での利益相反が生じることは多くはありません。しかし、ひとたび利益相反が生じると、大問題に発展してしまうことがあります。

オーナーと経営陣が蜜月で一体感があれば、事業遂行のメリットになる先を一緒に検討するケースもあります。

しかし、ほとんどの場合、両者の思惑は乖離します。その場合、オーナーが勝手に売却を進めたとしても、現場は拒否できません。ただし、売却先に唯々諾々と吸収されるのをよしとせず「だったら辞めてやる」というのは従業員の自由です。そうなると事業を継続することが難しくなり、買い手企業にとっても買収して得られるはずだったシナジーは期待できません。

オーナーが売却先探しを経営者に任せるという信頼関係がある場合でも、問題は横たわっています。

買い手企業傘下に入ったとしても、経営者は引き続き事業の指揮にあたるわけで、M&A以降は、買い手企業と利害が完全一致することになります。そうなると、買い手企業グループの一員として利益を上げて評価されたい、自らも現場の社員も評価を獲得したいと考えるため、M&A前の交渉においても買い手企業に有利になるように動きたいという心理が働いてもおかしくありません。

高い金額で売却が成立すると、喜ぶのはオーナーだけで、買収金額を回収しようとする買い手企業で厳しい経営目標が課されるのは残った現場社員です。ここにオーナーと経営者の利益相反の大きな要素があるのです。

買い手企業が詳細調査をするとき、オーナーと経営陣の思惑が乖離しているとオーナーが持っている情報は手に入っても、肝心の現場情報が入らなくなります。そうなると、正しい査定ができなくなって適正な価格が算出されず、M&Aそのものが成立しなくなる可能性があります。

日本の場合、アメリカと違って**M&Aの過程でトラブルになること自体が風評被害につながる**傾向があります。それによって次の買い手が現れなくなることを恐れ、オーナー側が矛《ほこ》を収めるケースが多いようです。

結局そうなるのだとしたら、オーナーは現場に対して株主至上主義を振りかざすのではなく、**経営陣はもちろん、顧客や取引先も含めて三位一体で進めるべき**です。さもなければ、中小企業においては幸福なM&Aにはなりません。

POINT

怒りの事例4から学ぶべきポイント

勝手にM&Aを進めて破談とならないために

- ✓ オーナーと経営者の、利益は相反することを忘れない
- ✓ オーナーは、経営陣はもちろん、顧客や取引先も含めて三位一体で進める

怒りの事例 5

売り手への訴状「全額返せ」！売却後に買い手から賠償請求が

中小企業は売却時に環境調査をしてこなかった

製造業が会社を買収するときに、工場の環境調査をするケースがあります。

上場企業はコンプライアンスの関係で、買収金額が小さく、契約でリスクヘッジができていたとしても、環境調査は必ず行います。中小企業の場合は、取引金額が数百億円に及ぶ広い土地の取引が絡むことはありませんし、土壌汚染の調査には数千万円という莫大な費用がかかります。上場企業の資金力があればともかく、中小企業には費用負担が大きすぎます。

費用の問題のほかにも、環境法制度の問題があります。環境調査をして、その時点で何か問題が発生したら、届け出義務が生じます。クロムやベンゼンなど、周辺に被害を及ぼす有害物質が出ると、すぐに対策をしなければならなくなります。これにも膨大な費用がかかります。そのため、資金力のない中小企業は積極的に環境調査をしようというモチベーションがないのです。むしろ、寝た子を起こしたくないという心理が働きます。

M&Aで株主が変わるときに、必ず環境調査をしなければならないルールがあるわけではありません。環境調査が必要となるのは、施設の廃止や大規模な土地の形質の変更のときだけです。一定の面積以上の形質の変更では条例で届け出が義務づけられているので、M&Aの時点で将来の工場の建て替えや増改築、敷地内の工場新設を考えている会社は、必ず環境調査を実施します。

しかし、往々にして**中小企業は環境調査をしていません**。中小企業と中小企業のM&Aの場合、上場企業ほどコンプライアンスが厳しくないので、売却価格が数億円なのに数千万円もの環境調査費用はかけられないという状況が今でも続いています。

深く考えなかった契約書の一文

こうした状況のなか、売り手企業の問題ではなく、**仲介会社の力不足で問題が生じてしまったケース**をご紹介しましょう。

売り手企業は製造業、自ら土地を所有し、その上に工場を建設。製造工程で溶剤を使用しています。高齢の経営者は、後継者不在からＭ＆Ａを決意します。買い手企業として名乗りを上げたのは、メーカー機能を持つことを目指した、未上場の小規模商社でした。売り手企業と商社の経営者が意気投合したことからＭ＆Ａが動き出します。

売り手企業の希望価格は**3億円**。売り手企業の売上、営業利益、財務内容から判断して適正な水準であると、買い手企業の商社は合意します。

そのとき、お金と時間をかけることになるため感情のもつれにもつながる環境調査は、双方の合意で省略されました。できるだけ友好に取引を成立させたいという思いが優先されたのです。両者を引き合わせた仲介会社からも早くまとめたほうがいいとアドバイスされたため、株式譲渡契約書（ＳＰＡ—Stock Purchase Agreement）も非常に簡素な内容しか盛り込んでいません。ただし、それとなく次の一文が挿入されていました。

「売却後3年間は、売り手企業側に法令違反があった場合、売り手企業はそれに伴う損害、修正費用をすべて補償すること」

売り手企業も買い手企業も、この文言を深く考えませんでした。文言を盛り込むことを拒否すると、違法行為をしていると受け取られかねません。契約書にありがちな形式的な文言として、仲介会社が提示した雛形を受け入れただけです。

契約書に基づいて補償金3億円を支払うことに

売却後、実直な企業風土の売り手企業は、安定した事業を継続しました。

売却から2年後、買い手企業は顧客ニーズが見込めそうな新商品を企画し、それが社内を通過しました。この新商品を製造するには、売り手企業が長年にわたって使用してきた工場の一部を改築しなければなりません。改築にあたっては、土壌の調査が義務づけられます。工場の操業開始から40年後、初めてボーリングによる土壌調査が行われました。

ところが、製造工程で溶剤を使うこの工場用地は、六価クロムやベンゼンなどの有害物質で汚染されていたのです。**土壌改良費3億円が発生**し、買い手企業はパニックに陥ります。

「どうしてろくな調査もせず、買収を実行したんだ！」

「3億円も払って買収したのに、土壌改良のためにさらに3億円を払わなければならないなんて、そんなばかな話があるか！」

商社の役員会では、怒号が飛び交います。そのとき、出席していた法務担当者が指摘します。

「譲渡契約書の文言を見ると、この費用は売り手企業に請求できそうですよ」

役員会の空気が一瞬にして変わりました。

「よかった。売り手企業さんには申し訳ないけど、契約書に書いてあるなら仕方がないでしょう。こちらも責任問題になるので、請求させてもらおう」

深く考えなかった契約書の一文のせいで…

中小企業同士のM&A

- 感情のもつれを懸念して、環境調査をしないことが多い
- 譲渡契約書も非常に簡素な内容にとどまりがち

↓

ただし次の一文が挿入されていて…

「売却後3年間は、売り手企業側に法令違反があった場合、売り手企業はそれに伴う損害、修正費用をすべて補償すること」

↓

売却後、売り手企業が**3億円**の補償金を支払うことに

結果的に、譲渡契約書に記載された文言通り、**売り手企業は土壌改良費用の3億円を全額補償することに**なりました。売り手企業は、会社を売却して手にした金額をほとんどすべて吐き出し、実質的に無償譲渡と変わらなくなってしまいます。買い手企業にとっても、計画した新事業は土壌改良が終わるまで延期され、事業計画に大幅な修正を加える必要に迫られたのです。

通常、譲渡契約には万が一法令違反があった場合には、違反者が責任を負う旨の文言を入れるケースが多いと思います。この主旨は、買い手企業がM&A成立前の詳細調査だけではあらゆることを精査しきれないため、買収から一定の期間は売り手企業に保証を入れてもらう**「保証書」**の概念と同じです。

ただし、この保証書がどの程度の期間有効なのか、どのような場合に適用されるのか、買い手への補償はどうするのか、補償額の上限はないのかなどを特定しておかなければなりません。さもないと、売り手企業は自らの目の届かないところにある事業への保証を無制限に行うことにもなりかねません。

売り手企業は自己防衛のためにも補償範囲を熟知するべき

このケースは、環境汚染がどの時点で、だれの行為によって、どの法令に違反したのかを明確に特定しなくても売り手企業の責任となる内容だったようです。

しかも、改良工事は買い手企業に委ねられ、補償金額の上限も定められていません。これでは、**買収後に買い手企業の事情で汚染が広がった場合にも補償させられる可能性があります。**

M&A成立時には汚染物質と定義されなかった物質が、その後の法改正で汚染物質に該当すると指摘された場合にも、売り手が補償を余儀なくされるかもしれません。

買い手企業は、リスクを最小化するため補償範囲を曖昧にして無期限、無制限の契約を結びたいと考えます。逆に、売り手企業はそれらをすべて特定させたいと考えます。普通に考えれば、お互いの主張をどこまで契約書に盛り込むかで、せめぎ合いが起こるはずです。

しかし、中小企業同士のM&Aの現場では、衝突が起こるほうが稀です。それは、案件規模が小さいため、環境調査の費用をかけたくない、弁護士費用も抑えたいという**コスト意識が原因**です。

しかし、もっとも大きな要因となっているのは、M&Aの契約の中身を熟知するはずもない中小企業の経営者に対して、**仲介会社がきちんとしたアドバイスを行わないこと**です。仲介会社は売り手企業と買い手企業がもめないように心を砕きます。**売買が成立しなければ、手数料が取れないから**です。助言会社であっても、こうしたリスクに鈍感で経験不足な会社は少なくありません。大切なのは、売り手企業自身が、譲渡契約書の一言一句をしっかりと理解し、M&A成立後に生じる可能性のあるリスクを評価することです。

専門家任せにしてはいけません。譲渡価格の高さだけに惑わされると失敗します。

POINT

怒りの事例5から学ぶべきポイント

多額の補償金を支払わないために

✓ 譲渡価格の高さだけで判断してはいけない

怒りの事例 6

売却後の行動にも要注意！競業避止義務違反で思わぬ訴訟に発展

「競業避止義務」違反に問われた売り手企業の元経営者

インターネットの通販会社が、**自社より大きい同業者に買収されたケース**です。

売り手企業のオーナーX氏は40代。経営者として辣腕を奮っていましたが、株式の売却を機に売り手企業の経営から離れます。同業からのM＆Aなので、買い手企業は業界経験の長いX氏が売り手企業のノウハウを持っていることを警戒し、譲渡契約締結時に誓約事項を挿入します。

「譲渡後5年間は、売り手企業と同じ事業にはかかわらないこと」

これを**「競業避止義務」**といいます。企業を売却した後、一定期間は売却した事業と同じ事業を始めないという約束です。

1年後、X氏はM&Aで手にした資金を元手に、別のインターネット通販企業を設立します。当然、X氏も譲渡契約書に「競業避止義務」に関する誓約事項が記載されていることを自覚しています。類似事業は契約違反になるから、新会社の株主にはなっても、役員には就任しませんでした。それだけで契約違反にはならないと判断したのです。

しかし、買い手企業はその事実をキャッチすると、X氏に「競業避止義務」違反を指摘します。結局、譲渡契約で定めた**違約金3000万円を支払うハメ**になりました。これはいったいどういうことなのでしょうか。

勝手な解釈で同じような事業に乗り出すべきではない

高齢のためオーナーや経営者が引退するケースや、後継者がいないため引き継ぐケースでは、競業避止義務に抵触するような行動をとる人はいません。助けてほしいという思いから始まっているので、買い手企業の恩義を踏みにじるような真似は慎むからです。

ところが、40代、50代で事業に行き詰まりを感じたり、将来のために事業を若い人に譲ろうと考えたりして早めに事業を売却した人は、いったんその事業から離れても、もう一度仕事をしたいと考えるものです。

売却した当初は絶対に同じ事業はしないと考えても、もう一度仕事をしようと動き出したとき、どうしても前と同じような事業をやりたくなるのです。

譲渡契約書には向こう3年間、あるいは5年間にわたって競業避止義務が記載されています。それを**無視して同じ事業を始める人が後を絶ちません**。契約書を読み込んでいない人は、経営陣に入らなければいい、株主として出資するだけなら問題ない、商圏が違えば関係ないなど、勝手に解釈してしまいます。売り手企業の思いに応えて買収した買い手企業としては、納得できません。

とはいえ、まったく同じ事業に手を出す「間抜け」はさすがに少ない。問題は前の事業の周辺に手を出したり、当時懇意にしていた顧客に少し角度を変えた商品やサービスを持ち込んだりするなど、**まったく同じ事業でなければ問題ないと本気で考えている人がいる**ことです。

後で問題にならないように、契約時に理解ができなければ安易に捺印してはいけません。買い手企業と詳細な部分まで確認し合い、齟齬が生じないようにしなければなりません。

売却後しばらくは買い手企業と一緒にビジネスを

ただ、競業避止の定義に漏れる部分の判断がやっかいです。

手放した会社の主要顧客に別の業態でアプローチするのはどう考えるべきか。まったく別の業種だから問題ないと勝手に考えても、主要顧客は役員として知り得た重要な機密事項なので、それを流用することも売り手企業の役員として課されるべき注意義務違反と指摘される可能性があります。その意味では、**会社のステークホルダーに対してアプローチするのは控えたほうが無難**です。

同じ業種のビジネスで素晴らしいアイデアを思いついたら、買い手企業と一緒に取り組むことを考えたり、正式に買い手企業に許諾を取ったり、リスクのない形でビジネスを進めてください。まだまだ、日本の中小企業のM＆Aにおいては、細かい部分まで契約書に書き込むほうが少数派に見えます。**勝手な解釈に基づく行動が、莫大な違約金を支払うリスクをもたらす**ことを自覚してください。

POINT

怒りの事例6から学ぶべきポイント

契約違反で訴えられないために

✓「売却したら終わり、後は何でもOK」ではない

怒りの事例7

不適切取引が発覚！取引先との関係解消、社長は解任

見栄のために架空取引に手を染めたオーナー社長

売り手企業側の不正取引が見過ごされたケースです。

売り手企業は創業3年目の健康食品販売会社で、若いオーナーが社長を務めていました。健康食品でヒット商品を出し、売上は初年度3億円、2年目4億円、3年目の見込みが5億円でした。営業利益も2000万円、4000万円、6000万円と急成長を続けています。

オーナー社長はさらなる成長機会を求め、他社の傘下に入って資金を確保し、業績を拡大したいという思惑からM&Aを決意します。条件は、売却後も社長として残ること、商機を逃さ

ないよう早いタイミングで成立させることでした。

ほどなく、同業のオーナー企業が売り手企業に興味を示します。急ぎの案件のため、M&Aのプロセスをかなり簡略化し、合意に至ります。それほど成長力のある勢いのある企業と評価されたということです。合意後は、買い手企業の傘下で成長に突き進むはずでした。しかし、それはできませんでした。

売り手企業の**売上の約3割を占めるある会社との取引が、ほとんど架空売上だったことが発覚**したからです。その取引先は、オーナー社長の知人が経営している会社です。その会社との間の売掛金が回収されないこと、売り手企業に商品が積み上がっていたことから、買い手企業が気づいたのです。

売り手企業のオーナー社長は、ヒット商品がメディアに取り上げられ、継続的に成長する企業に見られたいという見栄のために粉飾に手を染めたといいます。買い手企業とのM&Aが成立し、成長に向けた追加資金が得られれば、本来の成長が実現して粉飾も解消できると信じていました。結果として**オーナー社長は解任、株式譲渡代金の返還を求められました。**

買い手企業と売り手企業の間で簡単に譲渡契約が成立すると、後で問題が発覚する確率が高まります。コンプライアンス違反はたいへんな問題です。このケースは、M&Aのプロセスを簡略化せず、しっかりと財務諸表を分析し、実地の詳細調査を行えば、粉飾を疑うことができたはずです。

利益が出ているのに手元の現金が増えず、在庫が増えている事実を見れば、キャッシュフローに整合性がないことは簡単に見抜けます。にもかかわらず、帳簿上の売上が急激に伸びていて、営業利益も毎年2000万円ずつ増えている表面上の「事実」をうのみにして、急成長する有望企業と判断してしまったのです。

問題取引は隠すからこそ「問題」となる

中小企業のオーナーは、多かれ少なかれ清濁併せのむ局面があると思います。取引先にキックバックを支払う。この年はどうしても決算を黒字にしないといけないから、架空の棚卸資産を計上する。やむを得ず粉飾まがいの処理やコンプライアンス違反をすることが、**悪意がなくても避けられないケースがある**ものです。

もちろん、褒められた話ではありません。ただ、後で正規の処理に戻し、それができなければ買い手企業に事情を説明し、その分の対価をディスカウントするなど、方法はいろいろあるはずです。それをすることなく、粉飾を放置したまま買い手企業に売却したあとでコンプライアンス違反が発覚すると、その責任は対価のみならず、**刑事事件に発展する可能性**も否定できません。

やっかいなのは、後で問題が起こらないようにいろいろな書類を出してくださいと要求すると、中小企業の経営者から嫌がられることです。自分は何も悪いことをしていないという固定観念があるから、素っ裸にされて身体検査をされるような行為を迫る業者は嫌がられるのです。むしろ、余計なことをしない業者のほうが歓迎される。そこに、**落とし穴がある**ことを知ってください。

「おたくはうるさいね。だってウチは、決算で税務署から指摘されたことはないよ」

これは、中小企業の経営者がよく口にするフレーズです。

勘違いしてはいけません。税務署から指摘されていないからといって、会社の決算に問題がないと保証されたわけではありません。その年の決算で指摘されなかったら、その年で完結すると誤解している経営者も少なくありません。**税務署は問題があれば、過去にさかのぼって指摘**します。その年を乗り切ったからといって、クリーンだというわけではないのです。

M&Aを決意したら、財務面を詳細に見直してください。

税務署をクリアしたと思い込んでいる財務諸表を外部の専門家に見てもらい、不適切な取引がないか、会計処理の誤りがないかをチェックし、修正すべきものがあれば修正を加えた財務諸表を買い手企業に提出してください。**そのひと手間を惜しまなければ、莫大な賠償金を支払うリスクからも逃れられる**はずです。

POINT

怒りの事例7から学ぶべきポイント

後で問題が起きないようにするために

✓隠し事はいつか明るみに出る。事前にしっかりと対応を行うこと

あらゆるトラブルを避けるために

仲介会社や助言会社には、悪徳な業者もいれば、経験や知見不足で十分なサービスが提供できない業者もいます。業者の組織が大きければいいわけではなく、担当者の力量や経験、利益相反問題への取り組み体制等の課題を抱えている業者もいます。

M&Aは、**オーナー経営者にとって一生に一度のこと**でしょう。やり直しがきくようなものではありません。

最善のM&Aを実現し、すべての関係者を幸せにするためにも、**業者選びは慎重に行うべき**です。そして、**自らも知識を身につけるべき**です。

そうすれば、本章で挙げたようなトラブルは避けられるはずです。

第1章 まとめ

- M&Aは、4、5年前の3倍以上の値がつく空前の「売り手市場」だ
- しかし、売り手企業は「3ない」状態。安く買い叩かれてしまいがち
- 「正しい知識」「正しい情報」「自社の強みを見極める目」を身につけよ
- 顧問弁護士、顧問税理士に、M&Aの専門知識があるとは限らない
- 業者の知識不足、売り手企業の知識不足は、売却価格を大きく下げる
- 「手数料や報酬はいただきません」という業者には注意する
- 大企業や安定した企業と一緒になれば守ってもらえるとは限らない
- オーナーと経営者の利害は基本的に相反すると心得よう
- 譲渡契約書に明記された補償範囲を、売り手企業も熟知しておく
- 売却時、不適切な取引や会計処理の誤りはないかをチェックする

第　2　章

売上ゼロ、
債務超過、
破産寸前……
こんな会社でも
売れる！
12の事例

「こんな会社、売れるわけないですよね」12の誤解

「そうはいっても、ウチなんか買ってくれるところなんてないよ」

「売却なんて無理。ほしがってくれる会社なんてあるもんか」

「こんな会社、売れるわけないですよね」

中小企業のM&Aに関わっていると、経営者のみなさんからのそんな声をよく耳にします。

なぜ「買ってくれるところなんてない」「売れるわけがない」と思うのでしょうか。お話を伺うと、多くの経営者が次の12の事情を口にされます。

①売上が減少。市場が先細りで「将来性がない」
②だれにでもできる仕事で「独自性がない」
③商売がニッチ過ぎて「広がりがない」
④売上ゼロで「実績がない」
⑤新たな顧客を開拓できず「営業力がない」

⑥経営陣が高齢で、売却できても従業員が辞めてしまうほど「組織力がない」
⑦〝ど田舎〟にある会社のため、都会の会社にとっては「地の利がない」
⑧債務超過に陥り、「追加借入はできない」
⑨繁忙期と閑散期のブレが大きく、慢性的な「赤字体質から脱却できない」
⑩借入金の返済が滞り、「破産寸前、法的整理しか手段がない」
⑪対立が深刻で内紛状態、「オーナーが経営陣を更迭した」
⑫「過去に失敗をした」から、ピカピカの経歴とは言えない

しかし、断言します。こうしたケースでも買い手は現れます。
それどころか、高く売れることだってあるのです。

中小企業を財務の観点から見ると、深刻な状態に陥っていることも少なくありません。

- 債務超過
- 赤字続き
- 破産寸前

こうした事情を抱えている会社が「売れるかもしれない」と考えることはまずありません。

驚かれるかもしれませんが、こうした会社でも**買い手が現れるケースは十分にあります**。

結論から言うと、自分たちが「買ってくれるところなんてない」「売れるわけがない」と思い込んでいた事情や弱点は、買い手にとってさほど重要ではないということです。

こうした事情や弱点を上回る「強み」があれば、必ず買い手が現れます。そればかりか、その強みや価値が高く評価されれば、想像以上に高く売れることもあるのです。

「本当に赤字なのに売れるの？」

信じられない方も多いと思います。

さっそく、この言葉の根拠をとき明かすため、私が経験してきた事例を紹介していきましょう。

こんな会社でも売れた！　実際にあった12のケース

1. 「将来性がない」会社→市場が先細りで売上減少
2. 「独自性がない」会社→だれにでもできる仕事
3. 「広がりがない」会社→商売がニッチすぎる
4. 「実績がない」会社→売上ゼロ
5. 「営業力がない」会社→新たな顧客を開拓できず
6. 「組織力がない」会社
→経営陣が高齢で、従業員も辞めてしまう
7. 「地の利がない」会社→ど田舎にある
8. 「追加借入はできない」会社→債務超過に陥っている
9. 「赤字体質から脱却できない」会社
→繁忙期と閑散期のブレが大きく、
自助努力で黒字化が見えない
10. 「破産寸前、法的整理しか手段がない」会社
→借入金の返済が滞る
11. 「オーナーが経営陣を更迭した」会社
→対立が深刻で内紛状態
12. 「過去に失敗をした」会社
→ピカピカの経歴とはいえない

「絶対に売れるわけない」と思うようなマイナスがあっても、
買い手が現れるケースはある！

1 「将来性がない」けれども売れた

- 直近の売上は5億円。売上は年々減少し、ついに赤字に転落
- 早晩、銀行への返済に行き詰まることは明らか
- 運転資金の再融資には応じられないと突き放される
- 市場は縮小傾向、事業を大幅に縮小せよと言われている
- 現社長は80歳近くになる創業社長
- 取締役の息子に経営を承継せよと言われている
- アルバイトを含めて50人の従業員を抱える

↓思わぬ高い値段で売却に成功

売上は年々減少、市場も先細りで将来性はない。経営者自らがそう思い込んでいた会社が、**思わぬ高い値段で売却に成功する**こともあります。

この会社の直近の売上は5億円。毎年の漸減傾向に歯止めがかからず、薄氷を踏む思いでなんとか黒字に持ち込んでいた利益も悪化の一途をたどり、2016年度には**ついに赤字に転落**します。

機械等の設備投資で銀行借入は4億円にまで膨らみますが、内部留保は非常に薄く、純資産はわずか3000万円しかありません。古くから保有する大きな含み益のある本社の土地だけではもはや担保が間に合わず、オーナー社長が自宅を追加担保として提供することで、なんとか銀行の信用を維持している状態です。

今後、収益状況が大幅に改善しない限り、早晩、返済に行き詰まることは明らかです。銀行からは、事業承継を含めた会社の再建策を提示しない限り、運転資金の再融資には応じられないと突き放されてしまいました。

銀行の納得する再建策とは、どうやら事業を大幅に縮小したうえで本社を移転し、現在の本社の土地を売却して借入金を大幅に削減するという案のようです。これに合わせる形で、**取締役の息子に経営を承継する**ということであれば、必要な運転資金は融資するというのです。

表面的にはもっともな再建策ですが、事業を大幅に縮小することが可能かどうか、残した事業は継続性があるのかどうか、肝心要《かなめ》の部分が不透明です。おそらく銀行はそこまで踏み込んでいるとは思えず、実態は**体のいい債権回収**にも見えます。

この会社は、ある地方で印刷業を50年にわたって営んできました。80歳近くになる創業社長が、アルバイトを含めて50人の従業員とともに奮闘し続けています。

印刷業にもさまざまな分野があります。この会社は、写真集や高額商品の販売促進本など、高度な技術が必要とされる高級印刷を長年手掛けてきました。業界全体としては、紙媒体の減少、DTP化による印刷コストの削減によって**市場は縮小傾向**にあり、この分野に従事する他の会社の利益率も、総じて悪化の一途をたどっている状況です。なかでも、この会社の得意とする製版（印刷用の刷版を作る工程）は、近い将来、市場がほとんど喪失するといわれています。

相談されたきっかけは、この会社の社長が拙著『いざとなったら会社は売ろう！』（ダイヤモンド社）を読まれたことです。

社長は、銀行から再建策の提示を求められたことで、これまでおぼろげに考えていた**事業承継をしっかりと意識するように**なります。その際、創業家として事業への愛情は並々ならぬものがあるものの、厳しい環境におけるこの事業を自分たちだけで続けていけるのか、後継者の息子に苦しい思いをさせるだけなのではないかと、さまざまな思いが交錯するなか、拙著を手に取られたそうです。

それがご縁で初めてお会いすると、社長は真っ先にこう口にされました。

「こんな会社、売れるわけないですよね？」
会社が売却できなかった場合、事業を縮小して息子に承継するか、あるいは廃業するか。あらゆる選択肢を念頭に置かれていたと思います。

いわゆる「衰退産業」に帰属している中小企業の売却は、そう簡単ではありません。売上減少、赤字状態では、銀行の厳しい提言も中長期を見据えた温かいアドバイスに思えてきます。

ただ、社長にお聞きすると、**主要な顧客は長年にわたって変わることなく**、そのうえ**ある程度の利益率も維持されている**様子。主な赤字の要因が、流動的な顧客の喪失によるものという状況が伺えました。このことから、この会社は市場が縮小しても生き残れる何らかの強みがあるかもしれないと直感します。

さらに話していくうちに、社長の強い思いが伝わってきます。

「できることなら、長年にわたってともに歩んできたお客さまと従業員には一切迷惑をかけたくない」

自らの財産の保全や、息子への承継より、そこに重きを置いていることが痛いほど感じられました。難しいケースではありましたが、社長とともにM&Aの可能性を追求することにしました。

会社の内容をしっかりと理解するため、何度も足を運びました。決算書や管理資料の精査から、財務資料には表れない現場の空気感、従業員の表情、製作工程、稼働状況、過去の製作物、顧客台帳、機械設備の状況まで、できる限り調査し、五感で感じ取ります。

従業員は実直な技術者が大半、若年層からベテランまで年代も偏りがなく、女性も半数います。工場内は清潔で、雰囲気も活き活きとしている。設備も近年購入したばかりで、当面の大型投資は不要。やはり問題は、**売上の減少に対してどう立ち向かうか**という点に尽きるように思えました。

顧客ごとの売上、粗利益について、過去10年をさかのぼって整理し、分析します。中小企業では、売上や粗利益が「どんぶり勘定」になっていることがほとんどなので、かなりたいへんな作業になります。

その結果、主要顧客は長年固定客として売上が安定していて、かつ、利益率もほぼ横ばいの状態であると確認できました。

それどころか、**粗利益率は業界平均を大幅に上回っていた**のです。

売上減少の要因は、固定顧客ではなく、スポット的な取引しかない顧客の減少でした。その減少を補うため、採算を度外視した単価で新規顧客からの受注をしたために赤字に陥っていることがわかりました。

中小企業では、顧客や製品ごとの利益管理をする体制が不十分です。この会社でも、共通仕入れとなるインクや各種溶剤、設備や従業員の稼働コストを各納品物に反映させていないため、本来の利益率が見えにくい状態にありました。この点を改善し、おおまかにでも個別の納品物に反映させることで、各納品物や顧客ごとの利益の状態がより鮮明に見えるようになりました。

この会社は、**営業さえ適切に展開できれば自力再生すら可能なのではないか**。そんな思いもよぎるほど、優良顧客に恵まれていたのです。

なぜ、固定客との取引では高い利益率を維持できるのでしょうか。

それには、この強みの本質を理解する必要があります。社長は「長年の信頼」と言いますが、信頼関係を持続し続けるだけの理由があるはずです。営業から製造部門までつぶさにヒアリングを重ねていくなかで、こんな話が出てきました。

高級マンション販売業者の販促物や高級商品の販売カタログ、美術品の写真集等は、顧客は色や質感に非常に神経質になります。本物と異なってしまうと、即刻クレームにつながってしまうようなデリケートな印刷物なのです。

この会社では、撮影に最高水準の機材を使用、自社の撮影スタジオには細心の配慮がなされています。DTPでは困難な特殊な製版技術を各スタッフに伝承できていることから、顧客は安心して発注を継続していることがわかりました。というより、毎年同じような商品や製作物を印刷するので、前回と微妙に違ってしまうことを嫌がるため、他社に乗り換える障壁が高くなっていたのです。

顧客第一と言いますが、中小企業が顧客への品質のために、高額な設備投資を継続するのは並大抵のことではありません。その姿勢を持ち続ける**社長の誠実な人柄**もあって、**主要顧客はよほどのことがない限り維持されると判断**できました。


ここから、今後の戦略について検討を始めます。

製造部門の稼働率には、まだ余裕があります。

営業によって新規顧客が獲得できるのであれば黒字化は可能ですが、できなければ部門の縮小もやむを得ないという判断となります。しかし、自力での営業は難しく、主要顧客も成長産業ばかりではないためいずれ取引量は縮小していく可能性が高い。そう考えると、**資本力のある第三者に売却するのがベスト**と判断しました。

この会社にもっとも興味を示すのは、同業の可能性が高いと思われました。設備の共有・集約、仕入れの共通化、顧客と人材の共有化によるメリットがわかりやすいからです。しかし、設備産業が同業へ売却されるケースでは、拠点の統廃合が生じやすく、結果として人員が整理される可能性が高まります。

社長は顧客と従業員の維持に、並々ならぬ思いがあります。それが難しい場合には、他の候補先を探さなければなりません。高級印刷に対して一定量の需要がある企業が、自社の印刷部門として機能子会社化する可能性はあります。**同業他社と異業種による機能子会社化**という両面で買い手企業を見つけることになりました。

買い手探しは難航しました。

同業者は買収に興味を示しても、拠点や雇用の維持がネックとなりました。異業種も、衰退産業の印刷業を内製化する理由が見つからないようです。粘り強くアプローチを続けると、不動産、自動車、宝飾品など高級商品の小売会社を複数傘下に持つ**コングロマリット**が興味を示しました。

そのグループは売上1000億円、ちょうど**印刷コストの削減が経営課題の一つ**になっていました。**グループ内の発注だけで黒字化でき、自社の印刷物の品質向上も実現できることから、M&Aが成立しました。もちろん、社長の譲れぬ思いである従業員や顧客との関係維持も将来にわたって約束されました。**

将来性がないと思っても、とくに**異業種には一緒に事業を伸ばせる魅力的な会社に映るケース**もあります。誠実かつ長く事業を継続している会社には、継続できるだけの強み、見るべき価値が必ずあるはずです。その価値を見つけ出し、しっかりと表現することの重要性を改めて認識した事例です。
将来性がないと決めつけてはいけません。自分の狭い了見にこだわらず、他社の意見を聞いて道を開きましょう！

POINT

1「将来性がない」けれども売れた
買い手が評価した点は？

- ✓主要顧客は長年の固定客
- ✓売上も安定、かつ、利益率もほぼ横ばい
- ✓粗利益率は業界平均を大幅に上回っている
- ✓他社に乗り換える障壁は高く、社長の人柄も誠実
  ↓主要顧客は維持されると判断
- ✓異業種からは「一緒に事業を伸ばせる魅力的な会社」

2 「独自性がない」けれども売れた

- 売上は3000万円、10年続く、地元で評判のだんご屋さん
- 営業利益は100万円、田舎で2店舗展開のみ
- わずか1日学ぶだけで、だれでも同じようにだんごを作れる
- ゆえに、すぐに真似できる仕事で、独自性はない
- 銀行や知人、社長個人からの借入は合わせて5000万円近く
- 事業を継続してくれる人を探している

↓思いのほかスムーズに買い手が現れた

とある地方で10年続く、2店舗展開のだんご屋さんのケースです。

創業時から手仕事による高級だんごで定評があり、さらに数年前には口に入れるとふわふわの食感になるよう商品改良し、**地元では評判**になりました。だんごの中に入れる「あん」をカ

ラフルにし、それが昨今の「インスタ映え」ブームに乗って話題になり、経営も安定していました。

やがて地元の百貨店や東京、大阪で開かれる和菓子フェアなどの催事にも呼ばれるようになり、その縁で出店依頼を受けるようになります。

ところが、その矢先にオーナー社長が家庭の事情により、海外に移住しなければならない状況になってしまいます。断腸の思いで相談にみえた社長でしたが、開口一番こんなことを言われたのです。

「何も経験のないアルバイトが、入社してから2日目にはしっかりと作れるようになる。そんな**だれにでもできる仕事**です。しかも、**たった2店舗しかない。売上も小さいし、こんな会社売れるわけないですよね？**」

たしかに、売上は3000万円、営業利益は100万円の田舎の小さなだんご屋です。2店舗展開では、営業面でも不安が残ります。銀行や知人、社長個人からの借入は合わせて5000万円近くにのぼり、**財務的にも厳しい**状況でした。

貸付金は放棄してもいいから、事業を継続してくれる人を探してもらいたい。その成長を海外から見守りたい。社長から、そんな願いを託されました。社長の誠実な人柄と、いただいただんごの美味しさに感動し、私たちは売却先を探すことを決断します。

しかし、大きなネックがあると感じていました。それは、従業員が職人ではなくすべてアルバイトで、**たった1日作り方を学ぶだけでだんごを作れるようになってしまう**ことです。だれにでも簡単に真似ができてしまうようでは、だんご製造のノウハウに独自性があるとはとても言えません。このままでは、会社としての競争優位性や魅力が半減してしまうことになります。

この部分をクリアしなければ、売却交渉を進めることは難しい。社長とのヒアリングでは、この点を深く掘り下げていくことになります。

売却先探しは、当初、近隣の同業者や資本力のある企業に交渉するのが自然と思って動いていました。しかし、なかなかうまくいきません。

そんなとき、この**だんご屋さんの成長余力を評価した、インターネット通販からアジア各国でのレストランFC展開まで手掛ける複合企業グループが名乗りを上げてくれました。**交渉を始めると、意外にも短期間で合意することができました。難しいと思っていた社長の願いは、思いのほかスムーズに叶ったのです。

買い手企業は、いったい何を評価したのでしょうか。

もちろん、社長の誠実な人柄が高く評価されたところはあります。でも、人柄だけで企業を買うことはできません。決め手になったのは、**だれでも作れるほどに、仕入れから生産工程まですべてが機能的に確立されていること**でした。そこから、販売量が増加していけば、圧倒的な原価低減が見込まれると判断したのです。


社長とのヒアリングで、私たちはだれでも簡単に作れるようなシステムになった理由を理解しました。それは、**過去の失敗**に端を発していました。

創業当初は、昔気質の職人にだんごの作り方やあんの配合をすべて任せていたといいます。しかし、些細なことで揉めてしまい、職人は会社を離れることになりました。ただ、幸い退職までの間に**職人から技術を学ぶことができた**そうです。

学んだ技術を残さなければならない。せっかく自分のところのだんごを気に入ってくれたお客さんをがっかりさせたくない一心で、外部の業者と連携してだんごの皮とあんの**OEM製造**に着手します。

特殊な配合、独自のレシピをOEM製造に落とし込むのにはかなり苦心したようですが、ついに成功します。職人がいなくても、わずか1日学ぶだけでいままでと同じようにだんごを作れるほどの単純作業に変えることができたのです。

だれにでもできるという部分だけを聞くと、独自性がなく、簡単に真似ができてしまうとネガティブにとらえてしまいます。しかし、逆に考えると、**だれにでもできるということは、どこにでも出店できる**ことを意味します。

つまりそれは、**加速度的に成長する可能性を秘めている**ということです。

だんごを作るための特別な人材教育も必要ありません。商品力さえ維持できれば日本国内はもとより、海外で外国人の従業員にも容易にできます。後は出店交渉と店舗管理能力さえあれば、**事業は成長できる**と考えたのです。

苦労して育て、職人の離脱という苦境も乗り切ってなんとか継続してきた事業です。しかも、ようやく成長の可能性を見出し始めたときに自分の手から放さなければならなくなった不運に、社長は悔しい思いをしたはずです。

そこから、閉店ではなく、現状維持を志向する買い手でもなく、もっとこのだんごを多くの人々に味わってもらいたいと考え、世界へ進出するという意気込みを持った買い手企業との縁ができたことは、非常に喜ばしいことでした。

規模が小さく、独自性がないと思っていても、会社には隠れた強みが必ずあるはずです。それがなければ、会社が続いているはずはありません。

どんな会社にも、生き延びるために知らず知らずに重ねてきた工夫があり、その**強みは会社や社長にとってはあまりにも当たり前すぎて、気づかないだけかもしれません。**本人はそう思わなくても、他の人から見れば素晴らしい技術であることは少なくありません。

どのような仕事でも、継続するのには必然があります。あきらめることなく、自社の独自性を見直してみてはいかがでしょうか。

POINT

2「独自性がない」けれども売れた

買い手が評価した点は？

- ✓仕入から生産工程まですべてが機能的に確立され、だれでも作れる
- ✓だれにでもできる＝どこにでも出店できる
- ✓海外で外国人の従業員も容易に再現できる＝世界進出の可能性

3 「広がりがない」けれども売れた

- 売上は6億円、営業利益は1000万円
- 小規模で、趣味と実益を兼ねたような「アットホーム」な会社
- 63歳のオーナーの人脈や手腕に依存した事業構造
- オーナーは体力的に引退を考え始めているが、後継者は不在
- オーナーの友人でもある顧客たちからの厚い信頼を維持したい
- 現在の従業員も大事にしてほしい
- 収益至上主義、合理主義の買い手に売却したくない

↓異業種だが顧客層の重なる会社から、破格の評価を得た

セント・アンドリュース、ペブルビーチ。

全英オープンや全米オープンなど、海外ゴルフツアーに興味のある方にはお馴染みの名門ゴルフ場です。これは、著名な大会が開催されるゴルフ場を押さえ、そこでプレーするツアーを

企画・運営する会社のケースです。

売上は6億円、営業利益は1000万円、従業員は5人ほど。規模が小さいうえに、オーナーが常連客に「次は、どこに行きたいですか」と尋ね、常連客が「今度はマダガスカルに行きたい」と回答すると、マダガスカルのツアーを組んで募集をかけるといった、趣味と実益を兼ねたような**「アットホーム」な会社**です。

規模は小さいとはいえ、海外でのゴルフツアーを企画する会社では、ここが日本でもトップクラスです。誠実なオーナーが長年にわたって構築した人脈で、ゴルフ場をはじめ近隣のホテルをハイシーズンでも低価格で押さえられるため、常連客がなかなか離れていかないからです。

ただ、ニッチ分野のトップ企業とはいえ、事業構造が**オーナーの信用と手腕に依存しすぎている感は否めません**。

そのため「広がりがない」と判断されてしまいます。弁護士がたった1人しか在籍していない弁護士事務所では、その弁護士がいなくなれば会社の価値がゼロになってしまうように、この会社もオーナーがいなくなれば顧客も離れていく可能性が高いからです。

しかも、この事業は他の事業や商品に転用できるようなものではありません。この会社を買い取ったからといって、いきなり「世界の釣りツアー」を催行しようとしても、人脈もルートもないために容易には実現できません。

オーナーは63歳、**後継者はいません**でした。ツアー中は顧客と一緒にプレーすることを求められるため、体力的にも70歳まで続けられないと考えていました。

会社の仕組み上、突然会社を売却して「はい、さよなら」というわけにはいかないという自覚もありました。顧客の引き継ぎ、ゴルフ場やホテルの引き継ぎには1年から2年ぐらいかかる。しかも、その間も自分が同行しないとスムーズな承継はできない。オーナーは、**覚悟を持って第三者に売却することを決意**します。

「でも、**私の人脈でもっているような会社、売れるわけないですよね？**」

買い手企業は、対象の会社を慎重に値踏みするものです。いくら丁寧に引き継ぎを行うとしても、新規顧客を獲得する仕組みや、新たな収益源の可能性を実証していかないと、なかなか広がりを感じてもらえません。

誠実なオーナーだからこそ、自らが丁寧に顧客と接し、厚い信頼を得ているこの会社の灯を決して消さないよう、心して臨むことにしました。

売却先は、同業大手から異業種まで、海外企画旅行会社への興味の有無を広く当たっていきました。その過程で、各社の事業へのスタンスがわかってきます。

同業は、仮に売買が成立したとしても、既存部署への統合や、サービスレベルの**共通化を図ろう**とします。しかし、それではこの会社の「手作り感満載」のツアーの特徴を殺してしまい、従業員の切り捨てにもつながる可能性があります。

オーナーは**「顧客を大事にしてくれる」点を最重要視**していました。オーナーにとって顧客は長年の友人なので、丁寧に顧客を扱ってくれないと困るからです。そして、これまでと同じように手作り感満載のツアーを継続できるのは、現在の従業員がいてこそ。同業には、それを実現できる可能性が感じられませんでした。

新興市場に上場している伸び盛りの会社は、この会社のインフラを使ってさらに事業を拡大することを考えます。

これまではオーナーが趣味の延長線上でビジネスを展開してきたから伸びなかっただけで、ゴルフツアーだけでも3倍の売上が期待できる。営業利益も4000万円から5000万円は十分に上げられる。さらにコスト低減のため、社員がツアーに帯同することをやめ、現地の人に任せて合理化を図ることが明らかでした。

オーナーは、ツアーに参加する顧客が1人でも2人でも、一緒に回ることで顧客とのつながりを作り上げてきました。オーナーもこの会社のカルチャーを守りたいと考え、それを期待している顧客もいまだに多い。**収益至上主義、合理主義の買い手には売却したくないと拒否**されます。

自分の思いを継いでくれる売却先はないのか。

あきらめかけたときに名乗りを上げたのが、**まったく異業種の大手高級車販売会社**でした。この会社が**破格の評価をつけてくれた**ことも、決断の要因となりました。

高級車の販売会社が高い買取価格をつけたのは、この旅行会社が持つ顧客情報が充実していたからです。

ゴルフツアーに参加する顧客データを調べると、ほとんどが「超富裕層」であることがわかりました。平均年収は数千万円、経営者、医師、弁護士、元大企業のOBなど、ツアー代金が100万円から150万円という金額を、苦もなく払える所得水準の顧客が1万人ほどいました。

ただ、この会社は顧客情報をリスト化していませんでした。そこで、アクティブな顧客は年に何回か旅行に行くので、その都度顧客アンケート調査を実施し、顧客カードを揃えることにしました。問題は、顧客の個人情報を他に流用する許諾が得られるかどうか。普通、個人情報の流用は嫌がられますが、この会社はオーナーと顧客との関係が親密だったので、100%の許諾を得ることができました。

大都市圏の富裕層という、高級車販売会社にとっては**自社の商品と重なる顧客情報を持っていた**ことで、その顧客にクロスセールスができる可能性が評価され、高い買取価格になったのです。

つまり、**顧客データベースを整えたことで、会社の価値が顕在化した**ことになります。これは「見える化」という作業で、さらに「使える化」したことで顧客情報に価値が生まれたのです。仮に見える化ができても、情報の使用許諾がないと使える化にはなりません。**見える化と使える化の重要性**は、顧客情報のみならず**過去の研究開発情報**や**会社のノウハウ**にも当てはまります。

高級車販売会社は、顧客との向き合い方が訓練されていて、情報の取り扱い方や顧客のフォローの仕方が洗練されていました。この人たちに旅行業のノウハウを身につけてもらえば、顧客の満足度は維持される。オーナーはそう考えました。販売会社のオーナーも、この会社を引き継ぐために2人の社員を専任とし、しっかりと引き継ぐと明言してくれました。

買収後、1台1000万円を超える高級車が、すぐに10台以上売れたといいます。買い手企業の全国の優良顧客を対象とした100人規模の海外報奨ツアーも、この会社の企画によって組まれました。

一見、ニッチすぎて広がりが見えにくく、属人的で事業承継による顧客喪失リスクがあるビジネスでも、その根底にあるはずの**会社としての特徴や価値を見つけ出せれば、生かしてくれる買い手企業は必ずある**のです。

POINT

3「広がりがない」けれども売れた

買い手が評価した点は？

- ✓異業種だが自社の商品と重なる顧客情報を持っていた
- ✓顧客情報そのものが充実した内容だった
- ✓整備された顧客データベース

↓データを「見える化」「使える化」したことで、会社の価値が顕在化

4「実績がない」けれども売れた

- 創業10年のベンチャー企業。医療用器具を製作
- 製品開発し、量産化する段階で資金がショート
- 追加資金を得るにも、販路の未熟さなどがネックに
- 製品はさまざまな表彰を受けるほど技術力が高く、優秀
- 「せめて研究開発者としての立場だけは残したい」社長
- 業界的に、ベンチャー企業単体での新規参入は困難
- だが、社長は信念に反した競合メーカーに魂を売るのは拒否

→巨大グループが社長の信念に共感し、資金支援を申し出てくれた

創業10年、自宅のガレージで医療用器具を製作する会社のケースです。

職人気質の塊のような創業社長は、私財を投じて10年かけて要素技術の確立と試作品の開発を終えました。やっとここから量産化に入れるという段階で、資金がショートしてしまいます。

量産化には設備投資が必要ですが、開発スピードの遅さ、販売ルートの未熟さなど説得材料が乏しく、追加資金を出してくれる先が見つかりません。どうにかして資金調達をしたい。**資金が底をつけば会社をたたむしかない。**まさに**瀕死のベンチャー企業**です。

社長は試行錯誤を重ねたものの、販路は見つかりません。手持ちの資金はほぼ底をつき、いよいよ待ったなしの状況に陥ってしまいます。

「こうなったら、会社を売却しても構いません。自分たちには何も残らなくてもいいですから、**この技術を世に出せるパートナーを探してほしい。ただし、私の研究開発者としての立場だけは残してください。でも、そんなわがままなことを言ったら売れるわけないですよね？**」

社長が守りたかったのは「のれん」ではなく「技術」です。社長がひたむきに技術開発に打ち込んだ10年は、どのように評価されたのでしょうか。

この会社が開発したのは、それまでは金属で製作されていた医療用器具を、体内で分解可能な素材で実現する技術です。

体内に金属が入れば、必ず副作用が起こるはずです。その金属が体内に残ることで炎症を引き起こし、二次的な病気にかかる人も少なくありません。そんな人々を救いたいという一心で、医療機器開発の専門家でもない社長が、独学で作り上げた技術です。さまざまな表彰を受けるほどの技術には定評があり、大手メーカーからのライセンス契約の話も舞い込みます。

しかし、大手メーカーは設定価格との兼ね合いのなかで、既存製品とのハイブリッド型での協業路線を提案してきました。社長の考える純粋な製品開発ではなかったため、破談に終わりました。

こうなったら、自らで製品開発を進めるしかありません。長い期間をかけてでもと自らの信念の実現に向けて踏ん張った10年でしたが、残念ながら資金が続かなかったという経緯です。

製品は素晴らしい。体内に使用する医療器具は、金属より分解できるもののほうが良いことは明らかです。環境にもやさしい。**しかし、売り込みに成功しません。**どんなに優れた製品でも、販売が確立しない限りビジネスにはなりません。

医療機器の流通は、既存の大手メーカーが圧倒的な力を有しており、競合する新製品はなかなか参入できません。できたとしても試験的な扱いのため、数量をさばくことができない。その結果、大量生産までの大幅なコストダウンが実現せず、売価が数倍になってしまいます。構造的に、ベンチャー企業の新規参入は単体では難しいものになっていました。

私たちは、１００社に及ぶ候補先に粘り強くアプローチしました。しかし、なかなか前向きな返事をもらうことができません。その原因は、既存の大手メーカーとの摩擦を恐れる「忖度」です。

考えられる選択肢は、競合医療機器メーカーです。この会社の技術を活用して新製品を世に出すか、買収して自社を脅かす会社を握りつぶすか。いずれにしても興味はあるはずです。

しかし、患者のことを重視しているとは思えない競合メーカーには魂を売りたくないと、社長は頑なに拒みます。資金が底をつきかけている状況は時間との闘いです。それでも、社長は決して信念を曲げませんでした。

そんなとき、**医療関係の学校法人を有する巨大グループが資金支援を申し出**てくれました。その学校法人は**社長と同じ問題意識を持っていて、この会社の技術は将来、必要とされると評価した**のです。この出資が呼び水となり、社長の理念に共感する資本家がさらなる出資を行い、現在も量産化への道を走っています。

売上ゼロ。実績が出ていなくても、当初の信念を簡単には曲げる必要はありません。その事業が社会にとって必要であるという確信があれば、必ず道は開けます。

一時的な収入を得ようと無節操な提携関係を結んだ挙句、事業が成り立たなくなった場合のほうが資金提供者を得ることは難しくなります。中小企業は、大企業と同じことをしても資本力でかないません。できる限り「とんがる」こと、信念を貫くことが大切なのです。

POINT

4「実績がない」けれども売れた

買い手が評価した点は？

- さまざまな表彰を受けるほど技術に定評あり
- 製品が素晴らしく、環境にも優しい
- 社長の「とんがった信念」に共感し、資本家がさらなる出資

5 「営業力がない」けれども売れた

- 福岡の小規模なシステム開発会社
- 営業力が弱く、新たな顧客を開拓できず、この先収益の伸びも見込めない
- 後継者がいないので、事業承継先を見つけたい
- リストラ回避のため、大手企業の傘下に入ることを希望
- 地方の小さな会社の売却話は、まとまりにくい現状
- IT企業にとって、人材確保と人件費抑制ができるのは地方だからこそ

↓同業の上場企業がフェアな条件で買い取り

福岡市の中心部から車で1時間ほど離れた場所にある、15人ほどの従業員を抱える小規模なシステム開発会社のケースです。

この会社は、某大手旅行サイトの開発の請負、運用、保守、管理を手がけています。創業社

長が若いころに時流に乗って顧客を開拓し、業容を拡大してきました。

ところが、創業から20年経った今、**営業力が弱いために主要顧客以外に仕事の広がりはなく、収益的にも伸びが見込めません。**後継者がいないこともあって、先細りになっていく将来を不安視した社長が事業承継の相談にみえました。**地方、しかも、規模の小さな会社は、売却の話はなかなかまとまりません。**

「可能な限り、近隣の会社への嫁入りは避けたいんです。仲間に二度と心配させたくないので、**リストラしないような大手企業の傘下に入りたい。こんなわがままを言ったら、売れるわけないですよね？**」

内部統制や管理会計など自らの管理コストが追加でのしかかるため、多くの大手企業で少なくとも数十億円の売上がないと、なかなか検討の端緒にすらつかないことがほとんどです。難しい要望ですが、最善を尽くすことにしました。

交渉は簡単ではありませんでしたが、この会社は東京、大阪、名古屋等に拠点を構える**同業の上場企業が買収**しました。売却価格も適切で、純資産価格に最終利益の5年分に相当する「のれん代」を加算した、**非常にフェアな取引**でした。

なぜ、上場企業がここまで規模の小さな会社を買収したのでしょうか。その決断の大きなポイントは、上場企業が**九州に拠点を作りたいと考えていた**ことです。

ＩＴ企業は、どこに拠点を置いても業務に支障はありません。北海道であろうと沖縄であろうと、システム開発をするだけであれば東京や大阪である必要はありません。

この会社のある福岡市は、日本でも有数の人口密集地域で、現在でも人口が増え続けている数少ない地域です。成長を続けるこの上場企業は、常に人材を必要としていました。ところが、東京や大阪、名古屋などの大都市圏では、思うように人材を獲得できない悩みを抱えていました。その打開策として、比較的人材を集めやすい九州に拠点を作り、そこに業務を発注しようと考えたのです。

さらに、九州は東京圏、大阪圏、名古屋圏に比べて給与水準が低く、福岡市から少し離れた地域に行けばさらに低くなります。人材の確保に加えて人件費を抑えるために九州に拠点開設を検討していたところに、ちょうどこの会社の事業承継の話が舞い込んできたのです。

地方に拠点があるからといって、技術水準が低いわけではありません。東京や大阪で働いていた能力の高いシステムエンジニアが、ゆったりとした暮らしをしながら働きたいと考え、出身地に戻るケースが増えているといいます。福岡や近隣の都市では、ＩＴを促進しようと専門学校も充実しています。専門学校でＩＴの知識と技能を身につけた人が、東京や大阪など大都市に出て行かずに地域に残って就職する。そんなケースも増えています。

人件費が安く、能力の高い人材を獲得しやすい拠点。上場企業がこの会社を買収したのは、そんな目的にぴったりだったからです。

東京や大阪の企業が地方の拠点を確保し、そこで人材を採用するのは手間とコストがかかります。人材獲得という視点に立つと、地方の会社で地元の人材獲得ルートがあり、かつ**大都市圏から戻ってくる人材が豊富な会社は、東京や大阪などの大企業からすると魅力的に映ります。**地方にある規模の小さな会社でも、上場企業にとっては取り込むメリットがあるのです。

地方にある小規模な中小企業の経営者は、自分の会社に有能な人材を抱えていることの価値に気づいていないかもしれません。

この会社も、従業員と面談したときに「都会に行けば高い給与がもらえるかもしれないけれど、自分は行きたくない」という人ばかりでした。能力がありながら地方の中小企業にとどまり、給与が安くてもトータルの人生の環境を整えたいという人もいるのが、地方の特徴の一つです。このような企業風土のある会社は、買い手の大企業ともいい関係で仕事が続けられると思います。

POINT

5「営業力がない」けれども売れた

買い手が評価した点は？

- 買い手の上場企業は常に人材を必要としていた
- IT企業は、どこに拠点を置いても業務に支障はない
- 人件費が東京や大阪より安く、能力の高い人材を獲得しやすい地方に基盤があるのは魅力的

6「組織力がない」けれども売れた

- 関西の損害保険代理店業。70歳超の創業社長
- 小さな会社で、社員は合計5人
- 無借金で、純資産3億円と〝優良経営〟をしている
- 譲渡後も役員の残留と従業員の雇用は維持してほしいと希望
- 大手企業や団体など、優良顧客が中心
- 高度で複雑な商品の取り扱いが得意＝担当者の能力が高い
- 従業員と顧客が顔の見える付き合いをし、顧客から厚い信頼を得ている

↓社長の希望が叶い、円満に事業承継先に売却が成功

関西で、40年にわたって損害保険代理店業を営む会社のケースです。

70歳を超える創業社長が、前職の部下2人とともに創業しました。

創業パートナーの2人の元部下は、少数ながら株主でもあり、営業担当取締役と保険事務管

理担当取締役を務めています。
従業員は営業が1人、保険事務が4人、**合計5人の小さな会社**です。売上は1億円強、営業利益は1000万円。**無借金**で、長年にわたって内部留保を積み上げてきた結果、**純資産は3億円**ほどありました。
小規模ながら順調に見える会社ですが、創業社長が加齢による体調不良によって数年前から引退を考えていました。**身内に後継者はなく、創業パートナー2人も60代後半と高齢**です。そのパートナーの身内にも後継者は見当たらないことから、会社の売却について相談を受けました。

「小さな会社で、経営者はみな若くない。もし、会社を売却できたとしたら、私を含めた役員は、必要とされる引き継ぎは最善を尽くすつもりです。ただ、みなそう長くはできません。顧客との信頼を第一に仕事に取り組んできましたが、私と役員が会社を離れるとなると、疎遠になる顧客がいるかもしれません。がんばっている**現場の社員や顧客を今の状態のまま維持しながら、会社を売れるわけないですよね？**」

社長は、そんな強い不安を持っていました。なぜなら、損害保険代理店の事業承継では、保険契約の移転と必要な社員だけを譲り受けるといった、いわゆる事業譲渡や会社分割による譲渡が数多く見受けられていたからです。**社長は、残り数年の役員の残留と、従業員の雇用維持を強く望んでいました。**

しかし、**小規模の会社は社長の属人的な人脈や能力に依存するケースがほとんど**です。そのため、組織的な経営体制ができているとは思ってもらえません。社長が引退すると、顧客離れが雪崩を打つように進むことから、社長の希望を満たした売却は容易ではないと腹をくくりました。

交渉は難航すると思っていましたが、**同業他社への売却が成功**しました。社長は1年間だけ顧問として残り、引き継ぎを全うする。他の役員は2年間の任期、従業員は現状のままという**社長の望む結果**となりました。

なぜ、このような**円満な事業承継**になったのでしょうか。

この会社は大手企業や団体など優良顧客が中心で、**営業に人員を注げばさらに展開することができると判断**されました。また、PL保険（生産物賠償責任保険）をはじめとする一般企業向け賠償責任保険や、専門職業人賠償責任保険など、高度で複雑な商品の取り扱いを得意としていることから、**一朝一夕に担当者の育成ができない**ことも評価された点です。

従業員の能力が高いだけでなく、**従業員と顧客との関係が濃密**な点も高く評価されました。というのも、顧客の役員や現場担当者とは定期的に面談を行い、先方の社内行事にも参加する関係が構築できていたからです。担当者の代替わりなど、引き継ぎ時の関係の希薄化も乗り越え、長年の付き合いが続いていました。

小さな組織ならではのメリットも十分に生かしていました。担当者が不在のときでも顧客の要望に対応できるように、複数の従業員が顧客から顔の見える存在として認知されていました。**社長と役員が退職しても、現場の従業員さえ残っていれば業務に支障はない。**むしろ、従業員がいなくなると顧客からの信頼が損なわれてしまうリスクがある。そう判断されたのです。

小さな会社ではありましたが、決して組織力がないということはなく、社長や役員がいなくなっても仕事が回らなくなるということもありません。

むしろ、**小さいからこそ個々の従業員が工夫を凝らしながら多種多様な業務をこなしていて、顧客との関係を担当者任せにせず、複数で顔の見える対応ができているなど効率的な組織体制になっている**こともあります。

大手企業のような組織体制が整っていないからといって、それがマイナス材料になるとは限らないのです。

POINT

6「組織力がない」けれども売れた

買い手が評価した点は？

- 高度で複雑な商品を扱うなど、従業員の能力が高い
- 従業員が顧客と組織的な信頼関係をしっかりと築いていた
- 小さな会社だが、個々の従業員が多能工的に動ける効率的な組織体制

7 地の利がない「〝ど田舎〟にある」けれども売れた

- 北陸地方の田舎にある、1級土木施工管理技士がいる設計会社
- 顧客は周辺地域のみ。地元で下請け、孫請け仕事が大半
- 1億円を超える借金を抱えている
- 社長は65歳超、後継者は不在
- 東北地方のゼネコンに話を持ち込むも、大手は全滅
- 公共事業を入札できる地元企業であり、土木施工管理技士の資格保有者もいる点は大きな利点

↓借金を引き継ぎ、従業員の雇用も守ってくれる中堅ゼネコンに売却

北陸地方の主要都市から車で1時間ぐらい離れたところにある、従業員10人、そのうち1級土木施工管理技士が数人いる設計会社のケースです。

この会社は、地方の中心部から遠く離れた河川の工事など、公共事業の設計を手がけています。**周辺地域以外の顧客はなく、**地元のゼネコンからの下請け、孫請け仕事が大半でした。売上は2億円、収支はトントン、**借金が1億円を超えています。**社長は65歳を超えていて、**後継者は不在。**公共工事が減少し続けるなか、依頼される仕事は**難工事ばかり**です。たまに来るまともな案件でも、新しい技術を身につけていないと対応が難しくなっています。**社員の年齢が40代後半から60代**では、今後生き残っていくのは難しいと、売却の検討を始めました。

開口一番、社長はこんなことを漏らしました。

「ど田舎にある、ホントに地味な会社なんて、売れるわけないですよね?」

たしかに、借金が1億円を超え、社員の年齢も高く、地方のさらに〝田舎〟にあることから、引き受けてくれる先を見つけるのは難しそうでした。当初は、1級土木施工管理技士の資格を持った人と顧客を低い対価でもいいからどこかが拾ってくれれば御の字かもしれないと、社長とも考えていました。

最悪のパターンを避けるため、さまざまなゼネコンに話を持ち込みます。東日本大震災以降、東北の旺盛な建設需要に人手が追いつかない状況を見越して東北地方から関東地方のゼネコンを中心に当たりますが、**大手は全滅**します。未上場の中堅ゼネコンにも範囲を広げますが、色よい返事はもらえません。**声をかけた候補先は数百社**にのぼりました。

そんなとき、**仙台に拠点を置く中堅ゼネコン**が手を挙げてくれました。その中堅ゼネコンは、たまたま北陸地方の拠点強化を検討していたところでした。

本当は、駅前の中心部に拠点が欲しかったようですが、まずはその県内に拠点を持つことを最優先したようです。公共工事は、その地域に拠点を持っていないと入札できない案件があるからです。公共工事に限らず、地元企業を優遇するケースもあると聞きます。そんなときにちょうど売り手企業と巡り合い、売却が成立したのです。

交渉の末、株式の対価は1円に設定しました。その代わり、**借金1億円をすべて引き継いでもらい、従業員の雇用も守られる形でのクロージング**となりました。田舎の中の田舎で細々と営業する小さな工務店でも、**その時々のニーズとマッチすれば、小さくても売れる**ことが証明されたケースです。

このケースは建設業界ですが、**さまざまな業種で拠点を求めている企業**はあると思います。

営業マンが近くにいなければならない業種は、かなり多い。**医療機器の営業**がまさにそうです。人の命にかかわることなので、呼んだらすぐ来いという世界です。かといって多額の資本を投下して拠点を構えるのは効率が悪い。妥当な金額で拠点と人材を確保できるなら、ぜひとも検討したいという企業は他にも業種を問わずにあるでしょう。

「地の利がない」

「こんなど田舎で」

「市内からも交通の便が悪いところにある会社なんて」

マイナスだと思っていたことが、むしろ安価なコストで拠点が手に入るということが大きな価値になったのです。

中堅ゼネコンは、拠点のほかに**土木施工管理技士の資格**も狙いでした。一級建築士同様、大型の現場には必ず土木施工管理技士を常駐させなければならないルールがあります。その人材がいないため、入札をあきらめるゼネコンもいると聞きます。この中堅ゼネコンも、**土木施工管理技士の資格保有者を確保することは、大きな課題になっていた**のです。

1億円の借金がなければ、土木施工管理技士がいなくても拠点を確保するためだけに買収が成立していたでしょう。しかし、借金1億円を肩代わりするには、採算が取れなければなりません。収益機会が見込めない地方ではなく、有資格者を東北に呼び、大型現場を動かす狙いがあったのです。

その意味では、**借金1億円は大型現場を受注するための必要コストと受け取ってもらえた**のでしょう。有資格者がいないために大型の現場が受注できない状態が続いているのであれば、そうした判断を下すケースもないわけではないのです。

POINT

7 地の利がない「〝ど田舎〟にある」けれども売れた

買い手が評価した点は？

- 田舎だからこそ、安価なコストで拠点を手に入れられる
- 地元企業を手に入れたら、地元企業限定の工事入札ができる
- 有資格者（1級土木施工管理技士）を確保できた

8 「債務超過で追加借入はできない」けれども売れた

- ウェブシステムの開発・運用会社。小規模だが、「SEO（Search Engine Optimization）対策」技術が高評価
- リーマンショックの影響で、債務超過2000万円、銀行借入も2000万円
- その後、業績は回復して、現在は黒字経営
- 自らの報酬を抑えて踏ん張る社長の姿に、取引先も継続して案件を発注してくれている
- 事業は順調で、営業利益は毎年500万円前後で安定
- 追加の運転資金があれば、事業を伸ばせるだろう
- しかし銀行からの追加借入はできず。資本力のある会社の傘下に入れるといいのだが

……

↓消費者向けのウェブサイト運営会社により、円満なM&Aが成立

既存顧客が競合しない点がポイント

売上2億円、営業利益500万円、債務超過が2000万円のウェブシステムの開発・運用会社のケースです。

55歳の創業社長が事業を興したのは15年前、従業員はアルバイトを含めて30人程度の小規模の会社です。ウェブシステムの開発・運用に特化していて、とくに検索したときに上位に表示されるための「SEO対策」で評価が高く、大手企業のホームページの運営も受託しています。アルバイトを効率的に業務に従事させる仕組みを構築していて、他社よりも**コスト面での優位性がある**のが特徴です。

しかし、2008年のリーマンショック後の業績不振によって、2年間合計で6000万円の赤字を計上してしまいます。**2000万円ある銀行借入はリスケジュール（返済繰り延べ状態**にあり、追加借入は受けられません。

ただ、その後の業務縮小と経営資源の集中投資によって**業績は回復、営業利益は毎年500万円前後で安定**しています。

この会社のように、**リーマンショック後に債務超過に陥った中小企業は数え切れないほどあります**。あれから10年以上経過したいまもなお、立ち直れずに銀行借入の返済に追われている企業もたくさんあります。

こうした状況でも、社長はまだまだやる気がみなぎっています。より業績を伸ばすチャンスが到来しているものの、そのための資金がありません。外部との連携で業績を伸ばせるのであれば、会社を売却して雇われ社長になっても構わないという気構えで相談に来られました。本音では、2000万円の銀行債務から解放されたいという面もあるように見えました。

「でも、こんな債務超過の会社が売れるわけないですよね？」

そもそも債務超過の会社は、買い手企業にとっては手を出しにくい対象ではあります。ただ、**債務超過に陥った理由が明らかで、かつ現在の事業が黒字化しているのであれば、相手先が見つかる可能性は十分にあります。**

もちろん、限度はあります。毎年の営業利益の10倍を超えるような債務超過は厳しいかもしれません。しかし、数年程度、最大でも5年程度で債務超過が解消される見込みがあり、**事業そのものが堅実で取引先も継続していて、従業員のモラルの低下が起こっていなければ、通常の会社と同じように売却はできます。**ポイントは**事業が生きているかどうか**です。

そこで、まずは債務超過の内容を精査するところから始めました。リーマンショック後に納品先の倒産が相次ぎ、回収不能な売掛金が発生したり、プロジェクトが中断されたりして、収入面での著しい減少が起こります。しかし、社長の人柄もあり、外注先に対して予定期間通りの契約を継続したことから、収入を支出が大幅に上回ってしまう事態に陥り、大きな赤字が生じたようです。

これを教訓に、プロジェクト期間の細分化、短期化を進めるとともに、外注先との契約期間の短縮化にも取り組みました。貸し倒れリスクを最小限に抑えるため、取引先の与信調査の厳格化も行い、**業績が回復すると同時に黒字が恒常化**しました。

当時の外注先とのやり取りの誠実さ、社長自ら報酬を抑えて何とか踏ん張ろうとしている姿から、取引先も継続して案件を発注し、事業は回っています。

一方、銀行は債務超過である点、収益水準に対して借入過多となっている点からこれ以上の追加融資には応じられない状況でした。倒産を避けるため、**リスケに応じるのが精いっぱい**です。

仕事の依頼は引きもきらず、運転資金の追加借入さえできれば事業を伸ばすことが可能です。ところが、銀行が対応できず、社長本人にも資金的な余力がないため、そのチャンスを活かすことができません。**資本力のある会社の傘下に入れば、事業が伸びるのは間違いない**状況です。

必ず見つかると確信していたものの、見つかるまでは不安でした。そんなときに消費者向けのウェブサイトを運営している会社が興味を示してくれました。この会社の既存顧客と競合しないことが確認できたため、**3000万円の第三者割当増資によって債務超過を解消し、必要な運転資金を会社に供給するM&Aが成立**しました。**社長の報酬をすべて銀行返済に回していたことも、社長の誠実さとして高く評価**されました。過半数を超える株主となった買い手企業からの発注もあり、営業利益は1000万円の水準にまで上昇、**現社長も継続できる円満なM&Aが実現**しました。

このケースのように、債務超過だからといって卑下する必要はありません。目の前にある事業に社員がしっかり向かっていれば、必ず方策はあります。また、**誠実に債務超過に向き合っている姿勢も重要**です。

大切なのは、**債務超過にとらわれずに自分の本業をもう一度見直すこと**です。自分たちがやっている事業の価値は、自分たちでは評価しにくい。思わぬところに評価してくれる人がいる可能性がないわけではありません。

債務超過がネックになり、会社としては高い評価が得られなくても、どこかの**企業グループの機能子会社になり、一つの商圏で安定的な経営を続ける方策**もあります。広く社会全般に供給できる優れた技術やサービスがなければ売れないわけではなく、ある特定の会社だけにピッタリとはまるような形で、会社が存続できるケースもあります。

ポイントは、**債務超過の理由が継続的な赤字によるものではなく、過去の負の遺産がそのまま残っているだけ**という点です。

原因が明確で、一時的で、現状がうまく回っていれば売却できる可能性はあります。逆に、毎年のように赤字が常態化していて、それを断ち切る手立てさえなく、債務超過が継続的に増えている会社は、傷が浅いうちに一刻も早く事業から撤退するべきです。同じ債務超過でも、その**質を見極めることが重要**なのです。

POINT

8「債務超過で追加借り入れはできない」けれども売れた

買い手が評価した点は?

- ✓ 債務超過の理由が明らかで、現状は黒字化している
- ✓ 仕事の依頼は引きもきらず、資本が入れば事業が伸びる可能性大
- ✓ 社長の報酬をすべて銀行返済に回す、社長の誠実さ

9　「赤字体質から脱却できない」けれども売れた

- ある観光地の格安レンタカー会社。旅行業や飲食業も手がけるグループ企業の一つ
- 繁忙期と閑散期のブレが大きく、慢性的な赤字経営
- 安売り攻勢や、車両の仕入価格の交渉が甘かったことが原因
- 2000台もの車両リース料金の支払いに不安も
- レンタカー事業は売却して、グループの存続を目指すほうがいいのか
- 社長同士が旧知の間柄の自動車ディーラーに協力を要請することにした
- 自動車ディーラーは、車両買い替えを一手に引き受けるメリットなどを見出した

↓自動車ディーラーが債務を引き受け、株式の相応の対価も支払う厚遇で合意

ある観光地で格安レンタカー事業を営む、売上20億円、営業損失5000万円、実質的な債務超過に陥っている会社のケースです。

このレンタカー会社は、旅行業や飲食業を広く手がけている、その地域の観光産業を担う企業グループの一つでした。

ただ、その地域におけるレンタカー事情は、東京の感覚とは異なります。**繁忙期と閑散期のブレが激しく**、価格勝負の戦略を採用している会社では、閑散期には1泊2日で3000円から5000円という格安料金が当たり前になっています。そのうえ、常に繁忙期に耐えうる車両数を抱えなければならないため、**慢性的な赤字体質**になっていました。

その地域はレンタカーの過当競争地域で、繁忙期以外は高額なレンタル料では顧客が取れません。また、免許取り立ての未熟練運転者、ペーパードライバーに近い人が気軽に借りていくため、事故率は非常に高くなります。海に囲まれた地域のため「塩害」によって車が傷みやすいという地域特性もあります。**売上を伸ばしても、このままでは劇的な改善が見込めない。**そんな危機的状況に陥っていました。

この会社はおよそ2000台のレンタカーを使っています。買い取りではなくリースなので、車両価格にして数十億円分のリース契約が組まれていました。毎年のように大幅な赤字が続けば、リース料の支払いに不安が生じ、リース会社から警戒の目を向けられます。そうした状況で一度でもリース料の支払いが遅れると、残った債務を即座に弁済するよう迫られるうえ、リース車両が差し押さえられてしまいます。数十億円を超える支払いが発生するだけでなく、売上の原資となる車両がなくなれば、倒産するのは目に見えています。

悪いことに、先頭に立つ社長の体力も限界でした。

この会社は、創業から右肩上がりで成長を続け、グループ全体で１００億円を超える売上を計上するまでに成長しました。その地位を一代で短期間に築き上げた社長は、無理を重ねてきました。グループ全社のために日本全国を休みなく走り続け、体はボロボロです。会社の中身を精査しても、再生は難しそうでした。最悪の事態を避けるためにも、一刻も早くレンタカー事業を売却し、残った事業で経営を立て直す必要がありました。


この会社の社長から、私がアドバイザーを務める買い手企業のもとへ協力要請が入りました。その買い手企業は自動車ディーラーで、数年前からこの会社にレンタカー車両を販売していた関係があります。社長同士も旧知の間柄で、レンタカー事業の再生に必要となる資金提供ができないかと腐心しました。

ところが、詳しく事情を聞くと、リース契約を含めた負債が大きく、赤字基調のレンタカー事業を手放さない限り他の主力事業へも大きな影響が出る可能性が高いことが判明します。**赤字事業の切り離しは急務**でした。

買い手企業のアドバイザーとしては、赤字基調の会社の再建を果たせるか、しっかりと見極めなければなりません。

詳細な調査を行った結果、売上そのものは伸びていて、従業員も明るく元気、猪突猛進の社長の心意気が伝わっています。**会社はまだ生きている。**赤字になった原因は閑散期の稼働率を意識しすぎるあまり安売り攻勢を仕掛けすぎたことと、勢いのある会社ゆえに車両の仕入価格の交渉が甘くなっていたことです。

多忙な日々を送る現場では、なかなか管理的な作業に時間が割けません。仕入れ車両に値引きの余地が十分にあることなど、簡単にはうかがい知れません。これは、買い手企業が自動車販売会社だからこそわかったことかもしれません。

加えて、車両台数は今後も増える可能性があり、定期的に買い替えの需要も出てきます。それを一手に買い手企業が引き受ければ、メーカーとの仕入価格交渉を有利に進められる可能性が十分にある。問題は、その価値が会社の赤字を超える金額になるかどうかです。

結果、**実質債務超過で赤字基調だった会社に対し、買い手企業としての最大の誠意と敬意をこめて、債務を引き受け、株式の対価として相当の金額を支払うことに合意しました。**

営業利益が赤字だとしても、金銭的なメリットが出れば買い取りの足かせにはなりません。赤字会社単体では解決できない問題も、買い手企業の経営資源が加わることで一気に競争原理

が変わることもあるのです。 このレンタカー会社は、買い手企業の購買力が大きく寄与し、車両購入の実質単価が大幅に下がったことで、売却後の最初の決算期から黒字化に成功し、今ではインバウンド需要が後押しし、**毎年のように最高益を更新する状態に変貌**しています。

赤字だからといって、あきらめるのは早計です。買い手によってはシナジーが生まれたり、事業基盤を活用したいと考えたりする会社はゼロではないのです。

POINT

9「赤字体質から脱却できない」けれども売れた

買い手が評価した点は？

- ✓赤字事業だが売上は伸びていて、従業員も明るく元気
  ↓会社はまだ生きている
- ✓買い手の力を使えば仕入原価が大幅に低減可能
  ↓黒字化を確信

10 「破産寸前、法的整理しか手段がない」けれども売れた

- 関西の中堅システム会社。社員300人のシステム技術者を企業に派遣
- オーナーが、億単位の営業利益を粉飾決算していた
- キャッシュフローはマイナスで、借入金の返済が滞っており、破産か法的整理しか手段がないような状態
- オーナーの不正があるため、会社ごと売却することはできない
- システム技術者一人ひとりは、技術が高く、派遣先で実績を上げている
- 健全な事業だけを譲渡するスキームで、買い手を探すことに

↓事業自体を評価され、近隣に本社がある上場企業に短期間で事業売却できた

社員300人をシステム技術者としてさまざまな企業に派遣する、関西にある会社のケースです。

決算書を見ると25億円の売上を毎年のようにあげていて、営業利益は1億円から2億円の間で推移していました。中堅システム会社としてはそれほど悪くはない数字だと思いましたが、これが**すべて粉飾決算**でした。

売上だけは正しく計上されていましたが、**利益はまったくの嘘**。経費の入力ミスや意図的に経費を隠匿するなど、さまざまな理由で会計処理が適当に済まされていたのです。その結果、海外に不正にお金が流れていることも見過ごされ、**帳簿につけられていない億単位のお金が紛失**していました。キャッシュフローはマイナスに陥り、**借入金の返済が滞って破産か法的整理しか手段がない会社**でした。

こんな厳しい状況から売却を検討し始めますが、会社の実態を見ると、**300人のシステム技術者はしっかりとした会社に派遣されていて、実績も上げている**ことが確認できました。この事実は評価されそうです。しかし、粉飾決算をしていたオーナーがいるため、会社ごと売却する形はさすがに望めません。

そこで、健全な事業だけを譲渡するスキームで買い手を探したところ、**近隣に本社を構える上場企業**が見つかりました。この上場企業が、自社商品をカスタマイズする技術者を集めているという情報をキャッチしたからです。**先方が求めている技術レベルとこの会社の技術者のレ**

ベルが一致し、短期間で合意に至りました。

この会社は、急な資金繰りの悪化で年の瀬も差し迫った時期に事業譲渡、即破産という非常に難易度が高いスキームを実行せざるを得ませんでした。買い手企業に、しかも上場企業にとって非常にリスクの高い案件が成立したのはなぜでしょうか。この会社のほとんどの従業員や取引先が信用不安に動じず、事業譲渡というM&Aにも怯まず、移行が完成したのはなぜでしょうか。

それは、売り手の事業がしっかりしていたからです。

売り手のシステム技術者の一人ひとりが、派遣先で行っている仕事にしっかりと向き合い、その技術が評価されていたのです。派遣される先は別々でも、この会社の技術者はそれぞれの派遣先で起こった問題解決のため、携帯PCで常に連携が密にできる環境を作り上げていたからです。本業の先行きの見通しが暗く、従業員も粉飾に加担するほど腐っていたら、買い手は見つからなかったでしょう。

本業がしっかりと結果を出していて、顧客からの評判もよければ、経営陣だけを入れ替えれば売却に対する問題はありません。**元の会社が破産しようが、経営者が横領しようが、事業そのものは売れる**のです。

本来はあってはならないことですが、経営者が粉飾や横領をやっているから売れないと判断するのは早計なのです。真摯な姿勢で事業に携わる従業員は関係ありません。経営者の失敗と従業員の努力を安易に重ねてはいけません。

そもそも、中小企業には「計算が甘い」「売上に計上するかどうかが曖昧」「経費の計上の仕方に統一性がない」「あるはずの帳簿がない」といったミスが、上場企業に比べて多いのは事実です。これを粉飾と言えば言えなくはありませんが、この程度のことはほとんどの中小企業では日常的に起こっています。

「違法な取引をしている」

「危ない暴力団との付き合いがある」

こうした悪質なケースでは売却は難しくなりますが、**単なる会計処理の甘さであれば、誤りを正せばいい**のです。ある年の決算を黒字にするために経費を翌期に回したぐらいの話であれば、その時点にさかのぼってペナルティを支払ったうえで修正することは不可能ではありません。

粉飾を奨励するわけでは決してありません。

しかし、意図せざるミスがあったからといって、売却をあきらめないでください。

中小企業は多かれ少なかれ「どんぶり勘定」なところがあります。躊躇せずに包み隠さず語ってください。無用なプライドや罪悪感のために隠し続けるから手遅れになるのであって、**正直に告白すればたいていのことは解決できる**はずです。

POINT

10 **「破産寸前、法的整理しか手段がない」けれども売れた**

買い手が評価した点は？

- 技術者に対する派遣先からの評価が高い
- 技術者同士の連帯感が強い
- 経営者だけをすげかえ、健全な事業だけを譲り受ければ、従業員や顧客はしっかり維持されると判断

11 対立が深刻で内紛状態、「オーナーが経営陣を更迭した」けれども売れた

● 老舗の化学品材料メーカー。同業の大手メーカーから社長を招聘《しょうへい》する「所有と経営が分離」した会社
● オーナーの息子は、家業に携わっていないため、後継者にならない
● このまま外部から経営者を招聘し続けるのは難しい
● オーナーは会社を売却することを決断
● 売却先には、従業員の雇用の維持、労働環境の改善を願った
● 同業の大手では効率化のために統廃合され、従業員がリストラされるリスク
↓同業者ではなく、大手商社に売却。技術特許を取得したばかりで、製造を内製化できるメリットを感じてくれた

ある老舗の化学品材料メーカーのケースです。

売上は30億円、営業利益も毎年1億円程度計上していて、内部留保も十数億円規模の中小企業です。オーナーは現場にタッチせず、同業の大手メーカーから社長を招聘する「所有と経営が分離」した会社です。

中小企業の場合、所有と経営が分離していると売却が進めにくくなります。

経営方針の違いの調整が難しいのはもちろん、この会社の場合はオーナーが所有する土地を事業用資産として賃借していたので、その賃貸借契約の値決めをどうするか、株式の配当をいくらに設定するかなど、**さまざまな場面でオーナーと経営者が衝突してきた**からです。

オーナーには後継者の息子がいますが、家業とはまったく関連のない世界的に注目されている技術に携わっていることもあって、親としてはその道をあきらめさせたくはありません。かといって、経営者を外部から招聘し続けても、内紛の火種がなくなるわけではありません。オーナーは現在の経営形態を継続していくのは難しいと判断、会社の売却を決意しました。

ところが、オーナーと経営陣との対立は深く、このままではM&Aプロセスもうまくいきそうにありません。現場社員や主要取引先の声を慎重に集めると、現経営陣はほぼ機能していないことが判明します。一方、オーナーの資産管理会社との間での事業用資産の整理、そして、経営管理体制の改善と、事前の磨き上げには少なくとも1年以上の時間を要しそうです。ここでオーナーは思い切って決断します。現場の社員は、機能しない経営陣にもかかわらず愛社精神を保ち続け、しっかりと会社を運営している。経営陣の更迭。相当な抵抗を乗り越え、風通しのよくなった組織は業績を伸ばし、いよいよM&Aに向けた環境が整います。

この業界は労働環境が厳しいことで知られています。製造に携わる人は、ベンゼンなどの危険物を扱わなければなりません。賃金体系も決して高水準というわけではないなか、長年にわたって会社に尽くしてくれる従業員が大勢います。

オーナーの売却先選定の条件は、従業員の雇用を維持し、労働環境を改善してくれることでした。同じ材料メーカーとなると、厳しい労働環境は変わりません。自社よりも大手のメーカーに買収されると、効率化のために統廃合され、従業員がリストラされる可能性が高まります。オーナーは**売却価格よりも従業員の労働条件、雇用条件を守ってくれる先を最優先で考えてほしい**と願っていました。

しかし、同業者以外でこの会社を必要とするところはそうありません。あらゆる可能性を探りながら調査を進めたところ、すべての条件を満たす有力な候補が見つかりました。

それが、結果的に**売却先となる大手商社**でした。その商社は、ある特殊な技術特許を取得したばかりで、その特許の実用化方法を決定する前に、この会社の技術や設備が実用化に向けた有効な選択肢になることを示し、製造を内製化することに対するメリットが理解されれば、M&Aは成立すると考えました。

これが実現すれば、製造現場は維持され、雇用も守られる。売却手続きを開始する前に事前準備を丁寧に行い、それをまとめた資料を商社に持ち込みました。半年以上に及ぶ調査を経て、売却が確定しました。

同業者以外のM&Aは、買い手企業が異業種から参入するため現状の従業員の雇用や取引先が守られやすい傾向があります。

同業の競合会社のほうが生産設備の統合をはじめとするシナジーが得やすいと言われますが、そうとは限りません。買い手に求める条件によっては同業者以外への売却のほうが有利になることもあるのです。

このケースは、業界の信頼が高い会社の売却です。

後継者の息子が社長として事業を承継してくれたら、経営と所有の問題もクリアできたはずです。つまり、後継者がいないことが唯一の問題でした。しかし、日本の中小企業には後継者問題だけで事業承継に苦しんでいる会社が多いのも事実です。

日本企業は規模の大小にかかわらず、古くから続く老舗が数多く存在します。会社が存続しているのは、**業態として健全で、経営にも真摯に取り組んできた証明**でもあります。そこに起こるのは、**後継者問題**に収れんします。

それなりの老舗企業は、収益水準が高くオーナーの財力があります。後継者候補である自分の子どもに質の高い教育を受けさせた結果、海外留学をしたり、違う分野の才能を開花させることにつながります。

それでも会社に戻ってくれれば問題は起こりませんが、戻らないケースが大半です。一つの家庭における子どもの数が少なくなったことも、後継者問題が解決できない要因かもしれません。けれども道はあるのです。

このケースでは、所有と経営が分離しており、しかも対立構造にあったにもかかわらず、うまくいきました。オーナーが経営陣を更迭するという剛腕を発揮したにもかかわらず。それは、現場社員が責任感が強く、会社業務を全うするとともに、会社への愛情があったからです。

経営陣はオーナー資産の拠出ばかりにこだわり、現場業務に心血を注ぎ忘れていました。しかし現場社員は、個人資産を拠出し続け会社を支え続けてきたオーナーの行動を知っていたからこそ、そのような愛情があったのでしょう。

一方、このオーナーも、事業は現場ががんばってこそ、という強い信念を持っていました。**現場がすべて！　株主や経営陣は現場に生かされている！**　こんな心を持ったオーナーだったからこそ、素晴らしいM&Aに巡り合うことができました。

現場が生きている会社は、オーナー、経営陣がどうあれ、事業を引き受ける会社は必ず現れます。後継者が見当たらず、招聘する経営陣も見通せずとも、事業、そして、現場が生きている会社のM&Aは成立します。決して諦めることはありません。

POINT

11 「オーナーが経営陣を更迭した」けれども売れた

買い手が評価した点は？

- 製造の内製化が必要なタイミングだったため、売り手企業の設備や技術が魅力だった
- 経営のゴタゴタはあったが、売り手企業の業界からの信頼は高い
- 従業員の愛社精神が強く、現場がしっかりしていることが高評価

12 「過去に失敗した」けれども売れた

- ナノテクのベンチャー企業
- 製品のプロトタイプはできたが、出資先や借入先が見つからず、量産できずにいた
- あと3～4か月買い手がつかなければ、清算もやむなし
- この会社に出資する医療分野に強いベンチャーキャピタルも、売却先を探していた
- 相手を医療分野にこだわらず、あらゆる可能性を探った
- 社長の創業時の備忘録にあった、携帯電話の導線を作れないかという冗談半分の提案がヒントに

↓モーター事業で世界的なシェアを持つ企業が手をあげ、その子会社による買収がとんとん拍子に進んだ

これはナノテクのベンチャー企業のケースです。

設立当初から名だたるベンチャーキャピタルが出資し、メガバンクから借入も受けていました。その資金を元手にさまざまな努力を重ね、製品のプロトタイプまでは作ることができました。

しかし、それが認められず量産体制には入れません。出資先や借入先の取引先を使って売り込みをかけてもうまくいきません。**あと3か月か4か月で買い手が見つからなければ、清算もやむなしというタイミングで売却交渉を始めました。**先が見えないなか、この会社の持つ技術や知的財産を大手企業に買ってもらえないか。これが本当の狙いでした。

会社の特性を調べ、自宅でつくったプロトタイプを見せてもらいます。そのうえで、創業から現在までどのような研究開発を重ねてきたのか、それはなぜ失敗したのか、彼らがトライした技術の変遷を事細かに尋ねました。幸い、社長が研究過程の備忘録を残していました。私たちはその備忘録をもとにあらゆる可能性を探ります。

私たちとは別に、この会社に出資するベンチャーキャピタルの医療分野に強いチームが売却の可能性を探っていました。医療分野の企業が買い取る可能性は、そのチームがしらみつぶしに探っているはずです。私たちは医療分野に強いわけでもルートがあるわけでもなかったので、医療分野に固執せずにあらゆる可能性を視野に入れて検討しました。

この会社はナノテクを駆使し、微細なものを作る技術で手術効率を高める医療器具を作ろうとしていました。その技術を医療分野に売り込むのは常道ですが、別の分野でも生きるのではないかと発想しました。具体的には、携帯電話を作るときに邪魔になる微細なゴミを除去する技術への転用です。そこから発展し、携帯電話の基幹部品の一部を作れないかと冗談半分で提案したところ、社長が創業時に同じ発想を持っていたことがわかりました。

結果的に、その分野への進出はあきらめて医療分野に向かったのですが、もう一度その方向を検討し、モーター事業で世界的なシェアを持つ企業に提案しました。その世界的企業は、携帯電話事業にも進出しています。提案後、**とんとん拍子に話が進み、子会社によって買収されることが決まりました。**

この会社が残していた備忘録は、研究者が創業時からつけていた「**研究開発ノート**」です。通常は財務諸表や直近の取引先の分析が中心となりますが、**研究開発型の会社の場合は知的財産や研究過程を見ることが売却先を広げます。**会社の価値を算定するとき、そこまで踏み込めるかどうかが鍵となります。

売上がゼロに近く量産化にたどり着いていない会社は、いま向かっている方向が本当に正しいのか、その先に可能性があるのか、正確に分析する必要があります。そのときの判断材料となるのが、**現在の事業にたどりついた経緯と要素技術**です。

私たちは素人なので資料を見ただけではわかりません。研究者にヒアリングを重ねることで理解を深めていきます。副次的に、研究者が素人に語ることでかつて考えたものの実行に移さなかったアイデアに気づくかもしれません。

過去の失敗の蓄積を言語化することは、研究開発型の会社の価値を見える化するための重要な資料になります。研究開発型の中小企業が、自分の力だけで量産化の体制を整えるのは困難です。量産化の手前で行き詰まるケースは少なくない。試作段階でニーズがあることがわかれば、量産化の手前でも資金提供は得られます。だからこそ、試行錯誤の過程や内容をアピールし、改めてニーズを探ることが必要になるのです。研究者の記録は、そのためにも重要です。

創業者が最初に考えた「ポンチ絵」は、正しいことが多いと言えるでしょう。

ベンチャーキャピタルの資金が入ると、彼らは短期間で市場にアプローチできる方法をアドバイスするので、どうしてもビジネスとして成立するものが優先されます。それは正しいと思いますが、創業者が創業時に思い描いたさまざまな可能性の芽は摘まれていきます。

行き詰まったときに原点回帰するのは、とても大事なことだと思います。さまざまな企業の苦しい事情を見ていると、経営者が原点を忘れているように思えてなりません。市場から評価されないと、心が折れて自信を喪失するのは仕方がないことかもしれません。それでも、この成功事例を参考にもう一度原点を見直す姿勢を思い出してください。

POINT

12 **「過去に失敗した」けれども売れた**
買い手が評価した点は？

- 創業からの詳細な研究開発ノートがあった
- 技術開発や事業化への失敗の過程が記載されていて、捨てるべき可能性と残された可能性が明確であり、中心となる要素技術を正しく理解できた
  ↓過去の失敗の蓄積を言語化による、会社の価値の見える化
- 買い手の広い視野から要素技術の適応市場が明確に判断

存続している限り、すべての会社には価値がある

会社は、だれでも作ることができます。

だれでも社長になることができます。

しかし、続けることは至難の業。創業10年を超えてくると、倒産や休業とならずに、黒字でしっかりと事業継続している会社はむしろ少数といわれています。

本書を手に取られているということは、会社は続いているはずです。まずは、それだけでも素晴らしいことだと私は思います。

会社は、幸運だけでは続きません。みなさんが、当たり前だと思ってやってきた何気ない日々の工夫や改善によって、会社は進化を続け、淘汰の波にのみ込まれずに生き続けてきたのです。

それらの**工夫や改善は、会社を存続させてきた「かけがえのない価値の源」であり、第三者から見れば「宝の山」**かもしれません。

後継者問題、資金繰りの問題、収益改善の難しさ、そして、従業員の生活の維持。さまざまな事情を抱えながら本書を読んでいることと思います。

会社が存続しているということは、それ自体に価値があります。ご自身が営む事業について、悲観的にならないでください。第三者にとっては、思わぬ魅力を持っているかもしれないと前向きになってください。

そして、ご自身の視野の範囲に見える売却候補先にこだわることなく、これまでは気づかなかった自社の価値を改めて発掘し、持続的な成長に寄与してくれる最適な相手を、あらゆる角度から見つけ出すことを意識してください。

売れるはずがないと思った会社が売れたり、予想よりはるかに高い価格で売れたりするのは、**売却する企業側が自らの事業の強みをしっかりと理解し、その強みを伸ばせる買い手企業と出合ったとき**です。

それを実現するために大きな役割を果たすのが、M&Aアドバイザーです。本書とともに、第三者の見解を参考にしてみてください。

第2章 まとめ

●「売れるわけがない」と思う会社に、買い手が現れるケースはある
×将来性がない↓○売り上げが安定。社長の人柄。異業種からの高評価
×独自性がない↓○技術の汎用性。出店の容易さ
×広がりがない↓○潤沢な顧客情報。整備されたデータベース
×実績がない↓○技術力の高さ。製品自体が優秀。社長の信念への共感
×営業力がない↓○能力が高く都心より低い人件費で、技術者の確保可
×組織力がない↓○個々の従業員の能力、顧客との関係性が秀逸
×〝ど田舎〟にある↓○地元の優位性。コスト抑制。有資格者の存在
×債務超過で追加借入不可能↓○債務超過の理由が明確、現在は黒字化
×赤字体質から脱却できない↓○売上好調で、黒字化の可能性もある
×破産寸前、法的整理しか手段がない↓○健全な事業のみを譲渡
×オーナーが経営陣を更迭↓○魅力的な設備や技術、各方面からの信頼
×過去に失敗した↓○研究開発の過程、失敗の蓄積を言語化

第　3　章

あなたの会社の「強み」をあぶり出す小さくても高く売れる重要ポイント

あなたの会社の「強み」をあぶり出す

本書を通じてお伝えしたいのは、**あなたの会社は高く売れる**ということです。どんなに小さな会社にも、今日まで生き残った理由があるはずですし、その会社にしかない強みが必ずあるはずなのです。

本章では、小さな会社に隠された**強みをあぶり出す方法**をお伝えします。

私たちがM&Aの助言会社として売り手企業に関わるとき、徹底的に売り手企業と会話を積み重ねる時間を設けます。会社の事業の価値はどこにあるのか。それを見つけようと最後の最後まで粘りたいからです。

そこまでしても見つからないケースがないわけではありませんが、価値があるという視線で見つめると、規模が小さくても赤字でも、**ほとんどの会社に「強み」が見つかります。**

創業から10年、20年、あるいはそれ以上の長い期間にわたって存続し続けている会社には、大きな取引ではなくても特定の顧客がいて、業績が黒字ではなくても事業を続けてきた現実があります。

長年「生きながらえている」会社には、一つ一つの事業を丹念に洗い出せば、必ず見るべき価値があり、存在意義があります。それがなければ、とっくに経営に行き詰まって退場しているはずです。

見方を変えれば、現在の業績が赤字続きでも生き残っていられるのは、過去に好調だった時代があったからと考えることもできます。

当時の内部留保の蓄積があったからこそ、過去の貯金で食いつなぐことで債務超過に陥らなかったともいえます。かつて儲かっていた会社が、儲かっていた理由を見直すことで、現在の不調の原因を特定することができるかもしれません。好調だった時代の事業を、転用できるかもしれないからです。

赤字なのに何も手を打たない経営者は論外です。しかし、**赤字を何とかして解消しようともがき、試行錯誤を重ねた事実を論理的に説明できれば、どこかに解決の糸口が見つかるはずです。**

中小企業の経営者は、日々懸命に立ち向かっています。赤字解消の戦略としては効果をあげていないかもしれませんが、何らかの手は打っています。試行錯誤をしながら時間をかけて事業に取り組む会社は、**失敗の中から「強み」が出てくる可能性**もあります。

実際、私たちも赤字に陥った中小企業のM&Aを数多く成功させています。**成功した中小企業を見ると、必ず「強み」を認識しています。**

本章では、会社が持つ強みの類型を挙げ、これまでは「強み」として認識していなかったポイントを知ることで、**小さくても高く売れる秘訣**に迫っていきたいと思います。

小さくても高く売れる6つのポイント

これまで、中小企業のM&A市場では、業種や業態にかかわらず次の3つの特徴のいずれかを持つ会社が高く売れると認識されてきました。

- 「儲かっている」——安定して営業利益が1億円以上出ている
- 「規模が大きい」——売上20億円以上の商圏を持っている
- 「成長している」——売上が毎年20%以上成長している

しかし、最近は大企業が小さくても特徴のある会社を取り込もうとする事例が増えています。

中小企業同士のM&Aも増えていることから、小さくても売れる企業が出てきたと考えられます。そのポイントは、次の6つです。

ポイント①取引先（B to B）
ポイント②顧客（B to C）
ポイント③ヒト（従業員）
ポイント④シェア
ポイント⑤特許・技術・情報
ポイント⑥とんがり（存在意義・経営哲学）

これらのポイントを、一つずつ見ていきましょう。

小さくても高く売れる
ポイント
1

取引先（BtoB）優良企業を取引先として持つ会社は強い

会社そのものは小規模でも、他の企業には**取引の糸口さえ見出せない優良企業を取引先とする会社**は、その優良企業と取引したいと考える買い手企業には魅力的です。新たに取引口座を開く労力とコストをかけるより、すでに信頼関係が構築されている会社を買収したほうが、手っ取り早くビジネスが展開できるからです。

✓大手上場企業との取引口座が「強み」に

売上は1億円で安定し、収益はトントンから好調時で1000万円の黒字、従業員5人のシステム開発会社のケースです。

この会社はあるパッケージソフトを金融機関に販売していました。売上規模が小さく、利益水準も特筆する水準ではなく、それなりに借金もあった会社なので、2000万円で売れたら上できと考えていました。しかしその会社が、従業員100人を超えるシステム開発会社に**1億円近い金額で買収された**のです。

その理由は、**取引審査の厳しい金融機関と直接取引ができる口座を持っていたから**です。それだけでなく、大手ITベンダーを通じて、この会社のパッケージソフトが売られている事実です。

買い手となったのは、いわゆる「二次請け」「三次請け」と呼ばれるIT技術者派遣会社です。100人近いシステムエンジニアを、大手ITベンダーの「一次請け」企業に派遣していました。

この会社のような二次請け、三次請けの企業は、よほどのことがない限り大手企業に新規の取引口座を開いてもらえることはありません。大手に限らず上場企業はコンプライアンスが厳しく、労働基準法の問題にナーバスになっているため、二重派遣や偽装請負などの問題が発生するリスクを抑えるため、新規の口座を開かないからです。

売り手企業は、そういう意味で単なる売上1億円、営業利益1000万円のシステム会社ではありませんでした。

大手上場企業の厳しい峻別をクリアし、継続的な取引口座を開いたという価値を持っている会社だったのです。買い手企業としてはこの会社を傘下に収めれば、自社の従業員を一次請けを通さずに直接送り込むことができるようになる。余計なコストをかけずに粗利益率を引き上げられ、収益体質を改善できます。営業利益10年分ののれん代は、むしろリーズナブルな投資と考えていいでしょう。

今、中小企業が大手上場企業と取引口座を開くのは至難の業です。何年、何十年にもわたった長年の信頼関係が築かれていないと困難です。最近は、いくら長年にわたる信頼関係が構築されていても、年間取引金額が1000万円を切るような中小企業は、取引口座が閉じられる傾向が強くなっています。

そのような厳しい環境下で上場企業との取引口座を維持しているのは、理由があると考えていいと思います。その理由こそが、中小企業の「強み」なのです。

✓「密度」の濃い販売網は高く評価される

自社の持っていない販売網を持つ中小企業の価値も高くなっています。第2章でご紹介した、大手商社に買収された化学品材料メーカーは、充実した製造設備や製造のノウハウを持っていたほか、もう一つ別の価値が評価されています。

この材料メーカーは、以前から自社の材料を使う施工業者を集めた、全国に広がる団体を作っていました。加盟する会社は材料の購入者であると同時に、この材料の**卸売業者**でもありました。大手商社はこの材料販売の経験がないため、その**販売網**に新たに開発した製品を乗せられることに価値を見出したのです。

販売網がどの範囲に及べば、会社としての価値として認められるのでしょうか。

基本的には、**「密度」**が重要な要素になると思います。

①県内、市内など狭い地域にしか販売網がないけれど、その範囲では圧倒的なシェアを持つケース
②東北や九州など、もう少し広い範囲にくまなく販売網を構築しているケース
③①や②よりは密度が薄いが、全国に販売網を持っているケース

ポイント①取引先（B to B）

買い手である
IT技術者派遣会社

＝

いわゆる「二次請け」「三次請け」

大手企業に新規の取引口座を開いてもらうのは困難

↓ 魅力

今回の売り手

＝

大手企業との取引あり

取引審査の厳しい金融機関と直接取引できる口座があった

大手上場企業との取引口座が大きな強みに！

どれに価値を見出すかは、販売網にどのような商品を乗せたいか、買い手企業の弱点がどこにあるかによって変わります。これら3つのパターンのうちどれかに当てはまる販売網を持っていれば、買い手企業のニーズと合致する可能性はあります。

これまでの経験から言えるのは、広く密度の低い販売網より、**ある特定の地域に密集している販売網のほうが高く評価される**ということです。物流コストや人材配置の無駄を省けるからです。

ある企業が別の企業を買収しようとするとき、買収先の会社が持つ既存の流通ルートに自社の新しい商品を乗せようとします。その場合、広く浅い販売網より、ある地域に圧倒的な販売網があったほうが魅力になります。特定地域の顧客の反応をうかがい、成功すれば別の地域に広げる戦略が採用できるからです。

売り手企業は「ウチは群馬でしか商売していない」「顧客は北関東にしかいない」ことを、マイナス評価につながると考える傾向があります。

ところが、対象地域での販売網が手薄で、どうにかして足がかりをつくりたいと考える買い手企業にとっては、**狭いながらも圧倒的な販売網が、むしろ宝の山になる**こともあります。狭いエリアで事業を営む中小企業が、それが強みにならないと考えるのは早計なのです。

小さくても高く売れる
ポイント
2
顧客（B to C）高い商品を継続して買う顧客を持つ会社は強い

ポイント②の顧客は、**B to Cの事業で高く売れるケース**と考えてください。

ここでご紹介する事例は、インターネット通販の化粧品会社で、50代から60代の女性の顧客を数万件抱えている会社です。この会社を、20代から30代向けの基礎化粧品や健康食品を製造するメーカーが買収しました。

インターネット通販で、化粧品や健康食品に月間数万円の金額を使うのは、50代から70代の女性が多いといいます。この世代で経済的に余裕のある女性は、良い商品であれば高額でも買いたい、しかも、一度使い始めると継続して使う率が高いといわれています。

一方、若い世代の女性の消費はさまざまなものに分散する傾向があり、移り気です。この購買層に広く浸透するブランディングができれば、長期的にはさまざまなライフイベントでの販売の広がりが得やすい一方で、経済的な余裕が少ないこともあり、比較的リーズナブルな商品を選ぶ傾向があります。
両方の層を見ると、商品内容や価格帯、広告宣伝の方法など、それぞれ特徴が異なっています。ただ、どちらの市場も巨大であり、各社の熾烈な競争が繰り広げられていて新規参入は容易ではありません。顧客のニーズを知り、そのニーズに合致したうえで他社と違った商品を作り、効果的な広告宣伝を行わないと事業として成立しません。多くの会社が、参入と撤退を繰り返しています。

このケースでは、20代から30代向けの化粧品メーカーが、50代から60代向けの化粧品販売会社を買収しました。熾烈な市場競争のなか、安定的な収益を継続する会社としての財務的な魅力があったのでしょう。そして何より、**高額な商品を継続購入できる富裕層を囲い込んでいることは重要な価値だった**と思います。購買余力の高い富裕層には、他の商品も販売できる可能性が高い。数百万人や数十万人も必要ではなく、数万人でも十分に価値が評価されるのです。

✓お客さまからのクレームや解約理由なども「強み」に

買収した化粧品メーカーが他社よりも高額な対価を支払った理由は、この会社が**顧客一人ひ**

とりに対する販売方法から購入履歴、商品の問い合わせ情報やクレーム、解約理由などを綿密に記録していたことが挙げられます。

この情報によって、なぜこの会社が数万人の支持を得ているのか、商品の改廃や新商品開発はどうあるべきかがわかるからです。

その情報によって、20代から30代をターゲットとするメーカーは、リスクを最小限に抑えて50代から60代の市場に参入できます。それとともに、自社の顧客が年齢を重ねたときに、自社ブランドとしてどのような商品を提供すればよいかを策定するための、かけがえのない生のデータになるのです。

✓「昭和の御用聞き」のような会社は、さらに伸びる！

データベースというと、インターネット通販などITを駆使する会社に限定されるイメージがあるかもしれません。しかし、地方で「昭和の御用聞き」のような商売をしている会社でも、顧客情報を丁寧に整えれば価値になります。

全国各地には、地元の伝統工芸品を数人規模で細々と作る会社があります。中には、一つ数万円から数十万円もする高級品をつくり、それを富裕層に売る会社も少なくありません。その会社が持つ顧客情報は、ある企業にとっては高い価値を持ちます。その情報も、買収後すぐに使えるように**見える化・使える化**していれば、さらに価値が高まるのです。

羊羹の虎屋は、創業した室町時代から重要顧客の情報を、台帳に書き続けているそうです。重要顧客の要望が新商品開発のヒントになることもあると聞きます。この顧客情報は、虎屋にとっては何物にも代えがたい価値のはずです。

同じように、知られざる地方の名店や、特殊な商品を扱っている会社には、虎屋に勝るとも劣らない顧客情報が埋もれているかもしれません。それを整理し、使えるように整えることが価値を生み出します。私が助言する立場だったら、その商品が売れた理由、買った顧客の属性を深く掘り下げ、その特性を買い手企業に伝えられるように努力するでしょう。

伝統工芸品はメンテナンスが必要です。定期的にメンテナンスが必要になる商品は、顧客データを集めやすくなります。顧客とのリレーションが確実に発生するビジネスモデルは、顧客情報の質が高いと見なされ、価値が高くなります。顧客とのコミュニケーションの頻度が高いと顧客の情報量が増え、価値が高くなります。

商品の問い合わせ窓口に、顧客が気兼ねなく問い合わせができる状況を作っていることも、価値を高める大事な要素です。問い合わせの内容を集積したデータベースは、その商品のどこを改善すればいいか、次に欲しい商品はどういうものなのかなど、**情報の「宝の山」**になるはずです。

しかし、多くの会社がコールセンターを用意しながら、欲しい情報が手に入れられていません。それは、電話がかかってくる工夫をしていないからです。顧客個人の情報だけでなく、顧客から得た情報も価値が高く、それを蓄積する仕組みを構築している会社は、規模の大小にかかわらず「強み」となっているはずです。

そもそも、コンシューマービジネスは**顧客情報がすべて**です。

顧客の個人情報を扱うのは手間隙がかかるので、表面的な情報に終始し、力を入れて深い情報まで集めようとする企業が少なくなっているように見えます。もっとも大事に扱うべき顧客情報をしっかりと扱えない会社は、コンシューマービジネスへの向き合い方を再考すべきと言って

ポイント②顧客（B to C）

- 高額な商品を継続購入できる富裕層を囲い込んでいる
- 顧客からのクレームや解約理由など詳細な情報を保持
- 顧客情報をしっかりと扱えるからこそ顧客に信頼される

⟶顧客データの見える化が大事

高い商品を継続して買う顧客を持つ会社は強い！

も過言ではないと思います。

顧客情報をしっかりと扱えるからこそ顧客に信頼されるのであって、この顧客には何をどのタイミングで提供すべきかを考えるためにも、**顧客データを見える化する**必要があります。

不特定多数の継続性のない顧客情報を何百万件も集めるより、反復性、継続性の高い顧客情報を丁寧に蓄積し、その特性を分析して相手に伝えられれば、必ず価値として認められ、思わぬ価格が提示されることさえあるのです。

小さくても高く売れる
ポイント
3

ヒト（従業員）
豊富な業務知識や高い専門性を持つ従業員のいる会社は強い

特殊な業務知識を持っている従業員を狙って買収したケースです。

ある上場企業が、別の上場企業のシステム部門をターゲットにしたM&Aです。対象となった部門は20人規模で、中小企業とほとんど変わりません。そんな小さな部門がなぜターゲットになったのでしょうか。

それは、部門で働く従業員のスキル、過去に携わってきた業務経歴、業務知識の深さ、特殊な技術など、従業員の過去をつぶさに見ることによって、高い付加価値を生み出す仕事ができると判断したからです。特に目を引いたのが、技術者の多くが大規模なシステム統合に関わった経験があり、さらに一部の技術者は、昔ながらの汎用機システムの統合に豊富な経験があったことです。

従業員の業務知識や業務経験を高く買うケースは、頻繁にあります。単純に何人の従業員がいて、どのような仕事をしているかだけでなく、各個人や各ユニットがたどってきた変遷が、思わぬ価値として評価されることもあります。

この場合、**従業員の平均年齢が高くてもマイナス材料にはなりません**。高齢の従業員が蓄積してきた経験、知識の深さ、特定の顧客などは、驚くべき価値になる可能性を秘めています。

このケースも、20人の従業員のうち5人は60歳前後です。通常の感覚だと、IT業界で60歳前後の従業員に価値を見出す発想はありません。しかし、IT業務でも広く深い知識がないとできない仕事もあり、むしろそういう人材でないと顧客提案ができないと考える企業もあります。

いまでも、古いものを知っている人が必要とされ、経験を積んだミドル層が重宝される世界があるのです。たしかに未来永劫必要とされる人材ではないでしょうが、一時的に必要であれば、買収される可能性は少なくありません。

✓地方の中小企業が持つ「人材の強み」とは?

むしろ、若くて高い技術を有している人材を多く抱える企業でも、定着率が悪く、頻繁に人の入れ替えが起こっている企業は、価値になるどころかマイナス評価になってしまうこともあります。

その点で言えば、**地方の中小企業の人材の流動性が低いことに関心を示す企業もあります。安定した人材は、人手不足が続く状況ではプラスに評価されます。**このＩＴ企業のケースでも、システム開発業務にはつきものの、保守のたびに人が入れ替わってしまうと、習熟度が高まりません。顧客に安心感を与えられるので、少なくとも5年はいてくれる人材のほうがありがたいという意見でした。

もちろん、同じ部署にあまりにも長く居続けると慢心したり、トラブルの原因になったりすることもあります。それでも、長く職場にいてくれる安心感は、ある業種によってはプラスに評価されるケースが少なくないのです。

ポイント③ヒト（従業員）

- 特殊な業務知識や豊富な業務経験のある従業員
- 従業員の平均年齢が高くても、マイナス材料にはならない
- 地方の中小企業の人材の流動性の低さ＝人材の安定

優れた従業員を持つ会社は強い！

小さくても高く売れる
ポイント
4

シェア
小さくてもトップシェアを誇る会社は強い

酒販店業界は、トップ2が売上1000億円ほどの規模ですが、3位以下は大きく下がって500億円以下となり、100億円から200億円規模の会社が20社ほど熾烈な競争を繰り広げています。数年前、3位以下の会社を数社統合し、トップ2に迫るグループを作るM&Aに携わりました。まさにシェア争いです。**市場シェアは、企業価値を左右する重要な要因**です。

ただし、シェアが意味を持つのは規模の経済、範囲の経済がきく業界です。この酒販店業界は、規模の経済が成り立つ業界です。売上が大きくなればなるほどメーカーに対する価格交渉力が強まり、売上ランキングに応じて日本全国の酒造メーカーや世界のアルコール飲料メーカーから商品取扱のオファーが入ります。**販売力のある会社ほど、良い商品が集まる**傾向にあります。実際、この統合は奏功し、さらなる発展につながっているようです。

とはいえ、やみくもに統合すればいいわけではありません。各業界の競争状況やシェアの分散状況にもよりますが、シェアが1％にも満たなかったり、業界ランキングでトップ20から大きく外れていたりする場合には、魅力的には映りません。

例外は、トップ争いをしている2社のどちらかと合併すればその会社がトップとなるようなケースで、**小さなシェアが業界のキャスティングボートを握る**場合です。

✓「この村で一番」「この町で一番」は魅力

だからといって、シェアの考え方を「世界全体」や「日本全国」レベルでとらえる必要はありません。

中小企業の場合は、ある地域におけるシェアが圧倒的に高ければ、企業価値が高くなる可能性があります。ニッチのマーケットでも、トップシェアをあげるほどの実績をたたき出していたら、仮に業績が赤字でも比較的容易に会社を売ることができます。その範囲が「半径2キロ以内」「この駅周辺」とあまりにも狭いと困りますが、少なくとも市町村単位、県単位のボリュームがあれば、そこに価値を見出す企業は出てくるはずです。

大事なのは、ある条件下におけるシェアを整理し、認識し、買い手企業に明確に伝えられるかどうかです。

「うちは田舎で細々とやっています」

「この地域ではもっとも愛されています」

必要以上に卑下したり、曖昧で漠然とした言葉で伝えたりしても意味がありません。田舎で細々とやっていても、ある一定のシェアはあるはずです。

特定の地域でもっとも愛されているなら、それを**数値化**できるはずです。それを見える化し、伝える。この作業をするかしないかによって、会社の価値は予想以上に変わります。


買い手企業が中小企業に求めているのは、全国シェアとは限りません。ある地方で展開する中小企業が、全国有数のシェアを誇る会社だったとしたら、わざわざそれを伝えなくても引く手あまたの状況が生まれているはずです。

ポイント④シェア

・販売力のある会社ほど、良い商品が集まる

・ある地域におけるシェアが圧倒的に高い中小企業
⟶数値化し、伝えられれば高評価

小さくてもトップシェアを誇る会社は強い!

この村で一番、この町で一番のシェアがあれば、隣の村や町から県内のプレゼンスを高めようとする買い手企業が触手を伸ばしてくることもあります。むしろ、買い手企業の拠点から離れている場所より、近隣のエリアでシェアを持つ会社のほうがマネジメントコストが少なくて済みます。

どの範囲のシェアをアピールするかによって価格は変わりますが、少なくとも買い手がつかないリスクは軽減されます。その意味でも、**自社の（自社で扱う）商品のシェアを知ることは、自らの「強み」を知ることにつながっていく**のです。

小さくても高く売れる

ポイント

5

特許・技術・情報「過去の財産」を持つ会社は強い

レンタカー会社が、システム会社の一事業部門を買収したケースです。

あるレンタカー会社が「オートチェックイン機能」を備えたシステムを構築する計画を立案しました。開発作業を外注することも検討しますが、基幹技術を第三者に売られたり、メンテナンス費用を値上げされたりするなど、さまざまなリスクがあると判断し、**内製化**を目指します。その過程で、１００人の技術者を擁するシステム会社のある事業部門の技術に目をつけました。

その部門は、20人の技術者がある電機メーカーの受託開発をしていました。そこで開発した技術・ノウハウが、レンタカー会社が望むシステムとマッチすることがわかりました。技術者は技術的な基礎的モジュールをすでに持っているため、ゼロから勉強する必要もなく安価に製作ができます。時間的、費用的な効率化が図れるため、**高い価格での買収**につながりました。

✓自社の技術と情報を整理しておく

過去に何を作ってきたか。

それはどういう技術なのか。

特徴的な特許や技術・ノウハウは、整理して表現できるようにしておくと有効です。経営者がそれを熟知しておけば、高い評価につながります。ただ、技術を持っていても他に技術を転用できない契約を結んでいたら意味がありません。その技術が使える状態になっているかどうかも確認しておくべきです。

このシステム会社の場合、買い手企業が目をつけた技術は、自分たちで発案したわけではありませんでした。顧客である電機メーカーのニーズに応えようと、夢中で開発してきたものです。そもそもこの技術を転用しようと思って開発したわけではありません。**思わぬ価値を持つ技術を、自覚していないことがよくあります。**

顧客からの発注に基づいて課題を解決して成し遂げた実績は、改めて見直してみると高い価値になっているケースがあります。もう一度精査し、整理して表現できるようにしておけば、思わぬところから評価されるかもしれません。

情報が強みになる事例もあります。

大手通信会社が、アジアに進出した日本企業の情報を集め、その国に進出を考えている会社に配信する会社を買収しました。独自に取材するネットワークを持っていて、現地での取材力もあり、過去に取材した情報の著作権を持っている点が評価され、買収に至ったそうです。

中小企業の場合、著作権や情報に対する権利を曖昧にする傾向があります。

中小企業は元請け、下請け、孫請けというヒエラルキーの最下層にいるので、現場にもっとも近い最前線にいる強みがあるはずです。しかし、権利意識が希薄なため、自分たちが持つべき権利を上位層に持っていかれてしまうのです。

立場の弱さにつけ込まれ、発注元に納品した時点で権利関係を一切主張しないという文言の入った契約を結ばされてしまうケースもあります。情報や知的財産は対価を受け

ポイント⑤特許・技術・情報

・自覚していない、思わぬ価値を持つ技術があるかも

→広い視野を持った買い手が違った未来を描くことも

・過去に手がけた技術や集めた情報
獲得したノウハウ
知的財産など

→整理して、表現できるようにしておく

「過去の財産」を持つ会社は強い!

取った時点で移転するので、対抗する知識も手段も持たない中小企業は権利を所持するチャンスに恵まれないのが実情です。

だからこそ、**過去に手がけた技術や集めた情報、獲得したノウハウ、知的財産を整理し、表現できれば、高い価値につながる**のです。

小さくても高く売れる
ポイント
6

とんがり（存在意義・経営哲学）独自の価値を持つ会社は強い

「とんがり」のある会社とは、**新しいものや価値を世の中に生み出した、開祖的な存在**という意味です。

昨今、セクハラ、パワハラ、モラハラ等のハラスメントをなくし、働きやすい職場環境を作ることはどの企業にとっても最重要課題の一つです。こうした各種のハラスメントに対し、企業にコンサルティングを行う草分け的な会社があります。その企業が「〇〇ハラ」という造語を作ったのではないかといわれるほど、リーダーシップのある会社です。

なぜ、この会社がこのようなサービスを生み出せたのでしょうか。

もともと、この会社は多くの医師や弁護士との接点を持っていて、会社の人間関係で精神的に悩み、自分で抱え込む人が増加した結果、個人にとっても会社にとっても大きな問題になってきたことを知ります。

病院にも行きにくく、職場の上司やプライベートの友人にも話しにくいこの悩みを打ち明ける場所を提供したい。だれかと話すことで気が楽になったり解決策を見出せたりする。役割を担いたい。**一人ひとりが生き生きと働ける環境作りこそが組織の活性化や企業の発展につながると信じたこの会社**は、従業員の目線に立ったパワハラやセクハラの相談窓口となるホットラインを開設します。

今では、このようなサービスを提供する会社は数多くありますが、そのサービスのあり方を見ると「会社を重視する会社」と「従業員を重視する会社」に分かれているような気がします。ホットラインに「パワハラをされました」という相談が入ったとき、会社を重視する会社は会社として問題の程度の確認を行い、問題の拡散を最小化し、再発防止の手立てを策定しようとします。もちろん、被害者の立場に立って専門家による相談を親身に行うサービスも提供しています。

しかし、会社としての組織対応を重視するため、相談内容の重要な情報が会社と共有されてしまいます。個人情報保護の観点から特定を避けようとしても、やはり無理が生じます。そうなると、ちょっとした相談のつもりが人事情報につながってしまう恐れが出てきます。これでは、加害者側にとっても被害者側にとってもプラスにはなりません。会社を重視する会社の場合は、人に配慮をした情報共有を行えていないのが実態なのです。

一方、従業員を重視する会社は、違う方法を取ります。

まず問題の程度を判断し、専門家による対応の方針を決めるとともに、会社との情報共有をどうするか、ケースによって定められた指針に従い対応します。多くの場合、相談の段階でいきなり会社側に個人を特定した情報共有はしません。

それは、相談に来た個人を守るためです。まずは従業員のメンタル面の不安を取り除き、さらに大きな問題になったときには一歩踏み込んだ対処をする。もっと大きな問題になって、従業員が精神的に苦しくなってしまったときには、精神科の医師と連携して心のケアを行います。いよいよ法的な問題になりそうになった段階ではじめて、本人の許諾を得て、会社に報告して対処を促し、場合によっては弁護士と連携して従業員を守ります。

会社を重視する会社も従業員を重視する会社も、基本的には顧客企業と契約を結ぶため、大きな不祥事になる前に火種を消したいという意向が働きます。そうなると、小さな情報でも共有しておきたくなり、契約の当事者である会社を重視する傾向が強まっていきます。

しかし、この会社は**サービスの原点**を大切にしています。従業員側に立つという哲学は不文律として死守し、「個人のメンタル問題」にならないよう、医師と連携して万全を期しています。どのタイミングでどのような情報を会社と共有するか、できる限り従業員に不利益にならないように配慮しています。

その姿勢を貫くことで、結果として従業員が相談しやすい雰囲気を作り、より早期のタイミングで各種ハラスメントを未然に防ぐことにつながっています。**従業員側に立ってサービスする姿勢を鮮明にしてぶれずに継続した結果、顧客企業から評価されて評判を呼び、さらに顧客が広がっていきました。**

自分が決めた哲学を守り続け、易《やす》きに流れないポリシーが、**この会社のとんがり方**だったのです。

かたくなにやり方を貫く「とんがり」は、会社の価値を高めます。価値観や経営哲学も同様です。これは数字で表すことはできませんし、規模を定義するものでもありません。**一見、価値を見出しにくそうな気がしますが、いったん価値として見出されると、他の価値よりも強い**かもしれません。

その地域にはなくてはならない会社も、とんがっていると言えます。

公共交通機関などインフラは別にして、託児所、宅配ビ

ポイント⑥とんがり(存在意義・経営哲学)

- 自分が決めた哲学を守り続け、易きに流れないポリシー
- 価値観や経営哲学などは数字で表せないが、いったん価値として見出されると、他の価値よりも強い
- その地域になくてはならない、他に替えがきかない会社

独自の価値を持つ会社は強い!

ジネス、介護など、地域に根差して**他に替えがきかない会社**は、赤字でも存在意義が認められれば興味を示す会社はあると思います。

他で成功している会社がとんがりに着目し、さらなる改善の余地を見出し、ビジネスモデルを立て直して再生させる。**ニーズは必ずある**ので、そこになければならない会社は最終的に残る。バトンを受け取る買い手企業は必ず現れます。

しかし、地域の必然ではないのに二番煎じで参入し、先行企業の価格を破壊しようとして失敗し、赤字になった会社は売れません。

小さいから、赤字だからと考えず、事業の中身や過去の遍歴を振り返り、自社の強みとなるものを見直すべきです。そこにとんがった部分があれば、思わぬところに売れるチャンスが生まれるはずです。

あなたの会社の「強み」の見つけ方①
定量的な強みを探す

次の3つのポイントが業界標準よりも高ければ、その会社には何らかの価値や強みがあると言えます。

①売上の伸び
②粗利益率
③一人当たりの利益額

売上の伸び率の業界平均が5％のところ、10％伸びている会社はそれが価値や強みになると言っていいでしょう。

経営指標の中でもっとも重要な**粗利益率（売上総利益率）が高く、伸びている会社**は、販管費を削減すれば簡単に業績は上がるため、魅力に感じられます。

一人当たりの生産性が高い会社は、なぜそれを実現できているのか。効率的な外部とのネットワークや生産設備の稼働率が高ければ、買い手としては興味をそそられるものです。

大手企業は同業他社の指標を持っていて、同業の中小企業がその数値よりも高ければ、たいていの場合は興味を示します。

大手のほうがマスの力があるのですべての指標において上回る能力を持っているはずなのに、条件に恵まれない中小企業が自分のところよりも伸びていたり、粗利益率が高かったりするのはなぜなのか。その点を精査するのは基本です。**定量的な強みを探して主張できれば、買い手に価値を感じさせられます。**

定量化ポイント 1 売上の伸び

売上は社会のニーズを表すものです。

会社全体、部門ごと、製品・サービスごとの売上の伸びが、ある地域、ある世代、属する業界の伸びを凌駕していれば、価値として認められる可能性は高くなります。ただし、それだけでは大雑把です。

会社にはいくつかの部門（セグメント）があります。それらをすべて合計した平均値で5％の伸びがあった場合、その数字よりもあるセグメントは2％の伸び、あるセグメントは10％の伸び、あるセグメントはマイナス成長という**事実を隠し立てすることなく買い手企業に伝える姿勢が非常に重要**です。買い手企業がどのセグメントを捨て、どのセグメントに注力すればいいか、事前に把握できるからです。

簡単な事例でご説明しましょう。

ある会社が、とあるレンタカー会社の本部の買収を検討しています。レンタカー会社の本部は、3つのブランドを束ねるかなり大きな規模の会社です。そのうちもっとも規模の小さなブランドの売上が、急激に伸びています。このブランドは、建設機械車両、大型車、冷凍車、福祉車両等の特殊車両のレンタル事業を進めています。

いずれも、立地さえ正しければ稼働率が高く、レンタルアップした中古品も海外に輸出して高額で売れる。しかも、数時間から数日単位でレンタルするニーズが多い乗用車と異なり、特殊車両は1週間から数か月単位でのレンタルが中心です。頻繁に車両の出し入れをする必要がなく、車両の管理コストも低く抑えられます。これほど**高収益体質のビジネスにもかかわらず、日本全国を見渡しても、特殊車両のレンタル会社は意外と少ない**のです。

大規模な建設現場はともかく、中小の現場では建設機械車両が急に必要になるケースがよくあります。予定されていなかった作業が発生し、1週間だけユンボが欲しい。工期に遅れが出てきたので、挽回するために2週間だけもう1台投入したい。現場の進行状況に柔軟に対応しなければならないとき、現場の近くに建設機械車両を貸してくれるレンタル専門業者が必ずあるわけではありません。また、小規模な福祉事業者は、事業の立ち上がり時期における金銭負担や車両管理を簡素化する目的で、送迎の福祉車両をレンタルすることも少なくありません。

この会社は、そのような特殊事情のニーズについて綿密なマーケティング調査を行い、勝算ありとみるや、近隣のレンタカー会社に持ちかけ、特殊車両数台を置かせてもらう**仕組みを提案**したのです。

利益率の高いレンタル物件なので、エンドユーザーから近隣のレンタカー会社に入ったレンタル料の中から、この会社に一定の金額を納めてもなお利益は計上できます。いわゆる**「レンタル&レンタル」という形態のビジネスモデルを構築**し、徐々に扱うレンタカー会社を増やしていきました。

これが見事に当たりました。**売上は毎年3割ずつ伸び、利益率も高いこの事業を買い手企業が高く評価しました。**

2020年のオリンピックで建設ラッシュはピークを迎え、その後は徐々に落ち込んでいく予測もあります。そうは言っても日本では建設需要が極端に落ち込むことは考えにくい。建設会社も建設機械や特殊車両を保有からレンタルに切り替える方向に進むという予測から、この事業の価値は高いと判断されます。

福祉車両に関しても、高齢化社会においてニーズが高まる一方、過当競争で必要な車両の自前調達を控える会社も増加するという見立てです。そういった判断のもと、この会社を買収しようという発想が生まれました。

上場企業はセグメント別の業績や見通しを開示する義務がありますが、中小企業はその発想をなかなか持てません。このレンタカー会社の場合、特殊車両のセグメントを始めて数年しか経っていないので、全社的な売上の比率で言えば1割に過ぎません。しかし、**他の2部門が市場の成長と同程度に見えるなか、特殊車両部門が著しく伸びていることを表現できたからこそ、好条件での売却が成立した**と言えます。いくつかの製品やサービスを展開している場合、すべてのセグメントを総合して売上の伸びを表現するより、全体としては伸びがなくても、**あるセグメントが伸びていればそこに価値を見出す買い手企業が見つかる可能性は高まる**はずです。

人手が足りない中小企業の場合、すべての事業を分別してセグメント管理するのはたいへんです。それでも、売上と粗利益を集計するぐらいはできるはずです。高く売るためにも、その手間を惜しんではいけません。

定量化ポイント 2
粗利益率

売上の伸びと同様、**粗利益率も会社全体、部門ごと、製品・サービスごとにセグメントで管理し、業界水準と比較した数字を拾い出しておくべき**です。

業界水準を上回っている場合はその**強みの理由**を、下回っている場合はその**原因を突き詰めて明確に**しておくことをおすすめします。そうすることで、**会社の隠れた魅力や、効果的な改善方法の発見**につながると思います。

これをインターネット通販専門の化粧品会社が、化粧品サプリを扱う同業他社を買収したケースで説明しましょう。

買収された会社は、粗利益率が50％前後です。ここでいう粗利益率は、売上から商品原価を差し引いた金額を粗利益額とし、その粗利益額を売上高で割った数値としています。化粧品業界の粗利益率の平均は70％前後といわれています。買収された会社は、業界全体の平均より大幅に粗利益率が悪いことになります。

業界平均と比較して粗利益率の低いこの会社を、非常に高額で売却することができたのはなぜでしょうか。

会社の中身を調べると、材料原価が全体の35％から40％を占めることがわかりました。業界平均は10％から20％なので、質の高い材料を使って化粧品を製造していることがわかります。

インターネット通販の化粧品は非常に足の速いビジネスです。基礎化粧品の分野では新規顧客が買った商品と同じものを2度目に買う確率が約70％といわれています。3度目に買う確率はさらに3割減って当初の半分まで落ち込み、1年後には2割程度しか残りません。

新製品を発売するときに莫大な広告宣伝費をかけて1万人の顧客に売っても、1年後に2000人しか残っていないのであれば、当初の広告宣伝費をそこまでかけなくてもいいという選択になります。

ところが、この会社は原材料にこだわったいい商品という評価が定着し、**リピート率は9割**にのぼります。当初の1万人の顧客が1年経っても9割残っていることから、新商品の発売開始時は販促費まで控除した利益率が低くても、同じ商品のセグメントだけを見ると何年か後には逆転し、この会社の利益率のほうが高くなるのです。

買い手企業は粗利益率を業界平均と比較するので、**粗利益率が高ければ高いほど評価が高くなる**のは間違いありません。ただ、粗利益率が低くても恒常的に黒字が続いているのであれば、ましてや販促費を控除した利益率や、いわゆる営業利益率が高水準であるのなら、その理由を説明し、反復率などに分解しながら価値を表現してください。

もちろん、一過性の高さでは意味がありません。継続的に高い水準が続いているか、一時的に低くなったとしても長期のスパンで見れば高い水準を維持していることが重視されます。**粗利益は時系列で見る**こと、**会社全体ではなくセグメント、商品ごとの粗利益率をしっかりとチェックしておく**べきでしょう。

欲を言えば、時系列での把握以外にも、**売値への顧客感応度、新規顧客獲得率、継続率、販促費投入と売上の関係、新商品の投入のタイミング**などを分析しておけば、買い手企業が価値を見出してくれる可能性も出てきます。いずれにせよ、**すべての数字の根拠を言語化する**ことを目指してください。

中小企業の経営者は、肌感覚ではわかっていると思います。しかし、ことM&Aの対応となると、粗利益率の水準はデータとして提示し、その数字に基づいて話を組み立てられる能力が、売り手企業に求められる重要な資質です。

粗利益率は、高くてもマイナスに評価されることもありますし、低くてもプラスに評価されることもあります。それを知ったうえで説明しなければなりません。経営者が勝手に判断したり、いい加減に対処したりしていたら、本当の価値は評価されません。

定量化ポイント 3

一人当たりの利益額

ここで言う一人当たりの利益額とは、あるセグメント（全社でもよい）における粗利益額から、そのセグメントに関わる直接的なコスト（そのセグメントに直接関わる広告宣伝費等の営業費用や人件費、地代家賃等を指し、全社共通の管理部門に関わる費用は除く）を引いた数字を、その事業に直接関わる従業員の数で割ったものです。この数字が**業界水準と比べて高ければ、生産性が高く効率的であり、営業戦略はマーケティングが効果を上げていると考えられます**。ただし、情報の整理が難しい場合は、営業利益を従業員数で割った数字で代用することもあります。

一人当たりの利益額が高ければ、総務、人事、経理部門の管理部門を買い手企業と共通化することで、**買い手企業の収益率を一気に高められると判断されます**。この数字が高ければ高いほど、検討するべき価値がある企業と見られるはずです。

大手企業が、あるシステム受託開発会社を買収したケースです。

この会社は売上が12億円程度、営業利益を2億円出している会社です。純粋に中小企業とは言えないかもしれませんが、システム開発会社の平均営業利益率5%をはるかにしのぐ、17%近い営業利益率をあげています。しかも、従業員は50人程度しかいません。一人当たりの営業利益額は400万円になります。

なぜ一人当たりの利益額が高いのでしょうか。この会社は主に金融商品の販売支援システムの受託開発を行っています。この業界は通常、利益率はもっと低く、一人当たりの利益額も少なくなるはずです。しかし、この会社は営業マンの数が少なく、営業効率が飛び抜けて高いうえ、開発が高品質と定評があり**高い単価を実現**しています。

少ない営業マンで高い単価のシステムを受託できるようになったのは、この会社が自社のサイトで「ショーケース」となるシステムを運用し、それを一般顧客にも開放しているからです。このシステムは、長年にわたって利用顧客から圧倒的な支持を得ていて、システム業界からも高い評価を受けていました。

このシステムを設計し、運営している会社であれば安心して発注できる。そんな印象が形成されるほか、これほどのシステムが設計できるのであれば、こんなこともできませんかという問い合わせが入るようになりました。これが営業・販促ツールとなり、営業マンの数を少なくしても受託は増える一方です。**単純な価格競争から離脱でき、一人当たりの利益額が高くなった**のです。

売り手企業の一人当たりの利益額が高い場合、それが社長の営業力に依存しているのか、会社の仕組みとして達成されているのか、理由を明確にしてください。

すべての営業マンが顧客情報をリアルタイムに共有し、上司が必ずフォローできる仕組みがあるのも価値の一つです。トップセールスマンが複数いる会社も、数字に出やすい。従業員20人から30人の企業には、営業マンは数人しかいません。その中に**2人以上のスーパーセールスマンがいれば、価値としてカウントできる**と思います。一人当たりの利益額が業界平均を超えている企業は、何らかの理由が見つかるはずです。

合法的な理由であれば、買い手企業が買収した後にコピーできます。売り手企業のスーパーセールスマンが買い

定量的な強みの見つけ方

1 売上の伸び	あるセグメントが伸びていればそこに 価値を見出す買い手企業が見つかる可能性も
2 粗利益率	高いほど高い評価になるが、低くても恒常的に 黒字が続いているのであれば、その理由を
3 一人当たりの利益額	高いほど生産性が高く効率的であり、 営業戦略はマーケティングが 効果を上げていると考えられる

手企業の営業マンを教育し、一人当たりの利益額が一気に上がる可能性があると判断されれば、高い売却額へとつながります。

あなたの会社の「強み」の見つけ方②
定性的な強みを探す

定性的な視点は、数値で明確に示せないため、主観的な要素が強くなります。買い手企業の企業風土によって受け取り方が異なる場合もあり、**すべてのケースで強みになるわけではない**ことを承知しておいてください。

一方で、**定性的な強みは「付け焼き刃」的な対症療法で実現するものではなく、創業から長い年月を経て企業に根づいてきた習慣**です。企業が存亡の危機に直面するたびに身についた賜物であることが多く、**その価値は計り知れません**。

ただ、これらの強みを価値と認識するかどうかは、買い手企業に依存します。それでも、売り手企業が自ら見つけ出し、表現しない限り買い手企業には伝わりません。自社に次のような特徴があれば、それが本当に買い手企業にアピールすべきものかどうか検討してください。

定性化ポイント 1 ダメな理由が明確

会社の**ダメな点、失敗の理由が明確になっていることが強みになるケース**があります。改善するポイントが明らかになり、どのような資源を投入すれば解決できるかがはっきりするので、買い手企業としては買収後の手続きがやりやすくなります。それを強みと考えてくれる買い手企業もあります。

資金不足で広告宣伝費が十分に投入できず売上が伸び悩んでいたり、大型の設備投資ができず原価低減が実現できないケース、市場縮小で売上減少や利益率低下に歯止めがかからないのに従前と同じ体制やコストのかけ方が変えられていないケースなどさまざまです。

また、多くの中小企業でよく見受けられることがあります。オーナーは気づいていないでしょうが、オーナーが交替すればよくなる中小企業は枚挙にいとまがありません。オーナーの「肝いり事業」が不採算化していたり、過去のしがらみで切り捨てられない事業が業績の足を引っ張ったりしているケースは少なくありません。それをやめれば、その分の投資を別の事業に回せます。収益が改善するのは確実なので、**売却価格を上げる交渉材料**になります。

オーナーもそれほど愚かではないので、自分が推し進める事業が不採算かつ好転する可能性がないことぐらいわかっています。ただ、振り上げた拳を自分で下ろすことができず、かわいい部下を事業に巻き込んだうしろめたさなどで、簡単にやめられなくなっているだけかもしれません。**M&Aを機に肝いり事業から手を引くのは、オーナーの自尊心を傷つけずに済む方法**かもしれません。

オーナーのしがらみを断ち切る問題で典型的なのが、会社がまったく必要としていないのに、親しい知人や親族を会社に入れてしまう愚です。

会社に必要な人材で、きちんと業務をこなす人材であれば問題ありません。しかし、幽霊社員になったり、オーナーの威光を笠に傍若無人に振る舞い会社の雰囲気を乱し、業務を混乱させたりしているケースが少なくありません。

このような状態を続けると、従業員のモラルハザードを引き起こします。無駄なコストもかかり、いいことはありません。これを解決すれば、従業員のモチベーションが上がって生産性が上がるかもしれません。

創業時の苦しい時期に助けてもらった会社に、恩義に報いるためだけに発注を続ける。中小企業ではよくあるケースです。オーナーの人間関係の貸し借りに依存した合理性を欠いた取引は、オーナー自身が幕を引くのが難しいかもしれませんが、会社が売却されれば断ち切ることはできます。それがなくなるだけで収益性は確実に改善するので、プラス材料になるはずです。**日々1円でも会社に貢献しようとする誠実な従業員のモチベーションの向上**は決して小さくありません。

✓しがらみを断ち切り、問題を処理しておくことで会社の価値が高くなる

人間的なしがらみがなかったとしても、中小企業には「コンペをする」という概念が希薄です。なあなあで済ませられる気安さから取引を1か所に集中させ、長年にわたって持ちつ持たれつの関係を維持してきたことで、市場価格とはかけ離れた取引に陥っています。それを平気で続けているのが、中小企業の特徴です。

同じものを2社から買っていたところを1社にまとめるだけで、大量購買によるディスカウントが働いて100円のものが70円で買えるようになります。それだけでもコスト削減に寄与するのです。ただし、重要な基幹部品の調達では、短期的なコストメリットから1社購買にすると、中長期的には仕入先の供給リスクや値上げリスクが生じるので、留意が必要です。

私がM&Aで買い手企業側についたときに注意するのは、**オーナー企業で横行する「公私混同」**です。ゴルフ会員権やマンションを会社の資金で購入したり、社用車でプライベートの旅行に行ったり、バカンスで海外旅行に行く費用を会社の経費にしたりする。本当の意味での公私混同です。

友人の会社にマージンを落とすため、実体のない会社を経由して仕事を発注したり、不要な人材を間接部門に雇わせたりして経費の無駄遣いをするケースが、中小企業では山ほどあります。

売り手企業としては、**自分の会社の「ダメな点」を知っておけば**、M&Aによってオーナーが変わることで**しがらみを断ち切りやすくなります**。それに伴い、利益率や商圏が伸長、拡大、改善する可能性が高まると買い手企業にアピールできるので、**売り手企業の価値は高まる**のです。

うしろめたさから「ダメな点」を隠すから、面倒なことに発展するのです。隠さずにオープンにすれば、処理の方法はいくらでもあります。不適切な取引が8割もあったら救いようがありませんが、たいていの中小企業では微笑ましく感じる程度のものにすぎません。どうにかなります。

買い手企業としては、事前にきれいにしてくれれば、とがめだてするようなことはありません。オーナーの責任を追及しようとしているのではなく、買収後のコンプライアンス違反を消しておきたいだけなのです。

過去に問題となる取引があったら、**価値の修正をしたり、問題を処理したりすることで対応できます。それによってむしろ価値が高くなると考えて、より高額な買収価格を提示しやすくなります。**その点を理解して「ダメな点」をきれいにすることを心がけてほしいと思います。

定性化ポイント 2 組織の躍動感と一体感がある

組織の躍動感や一体感がある状態とは、オーナーや社長が変わっても現場が結束し、買収後の新しい取り組みに前向きに臨む姿勢が感じられる状態です。

いったん「やる」と決めたら、**従業員が一枚岩で瞬発力を発揮する組織**は、各部署に権限が委譲されています。自由に発想し意見を言える土壌が育まれ、試行錯誤が前向きに行われています。

こうした土壌があれば、従業員の離職率が低く抑えられ、魅力ある企業風土が学生に伝わり、中小企業特有の人手不足が解消されるでしょう。売り手企業が**組織の躍動感や一体感**を買い手企業に伝えれば、買い手企業には「生きている組織」として魅力的に映り、根底にある強みも理解され、**価値判断の好材料**となります。

組織の躍動感と一体感は、次のチェック項目で判断することができます。

組織の躍動感と一体感をチェックする方法

・**経営管理におけるチェック項目**

□会社の理念、ビジョンが共有されている
□各ユニット・各人の予算・KPI（主要経営評価指標）が共有されている
□問題解決の対応策や新規商品の会議で、特定の人材の感性に依存しすぎていない
□会議では積極的な意見交換が行われ、意思決定されている
□会議で決定した結果が、組織全体で共有されている
□チーム、会社全体で、問題解決や新規事業に取り組む仕組み、風土がある
□組織横断のプロジェクトチームがある
□オーナー・経営者以外のキーマンが明確で、その人のリーダーシップがある
□先輩社員が後輩社員へアドバイスする育成制度がある
□SNSが活用されている
□ジョブローテーションが適度に行われている

□何かにチャレンジし続けている
□過去の失敗を組織として共有している
□信賞必罰が明確である
□情報提供の依頼に対して返答が早くて正確
□マネジメント層が、全社的な数値を把握している
□予算達成率が高い
□期末賞与が高い頻度で出ている
□新商品のタイミングで一気に売上が伸びる

・**企業風土についてのチェック項目**
□自社の商品・サービスを自分で使っている
□従業員が会社に誇りを持っている
□自社の商品・サービスに情熱を感じている
□会社として改善すべき課題や製品の改良点について意見が出る
□ライバル会社や競合製品が明確になっている
□尊敬、目標とする上司が社内にいる

□取引先の催しに社員が呼ばれ、参加率が高い
□社内同好会、社内行事が行われ、自発的な参加率が高い
□社内結婚がある
□社員の子どもや知人が入社している
□会社の業績が悪いときに、新商品が生み出されている
□会社の業績が悪いときに、社員が辞めない
□競合会社からの転職者がいる

✓中小企業でキーマンが育っていれば、価値が高くなる

これらの項目のうち、とくに重要な**「キーマン」**についてお話しします。

中小企業で絶対的な力を持つオーナー、経営者の下に、**キーマンが育っているかどうかは非常に重要**です。オーナー企業はオーナーに権限が集中し、権限の委譲が進んでいません。権限規定を整備し運用している会社も少数派です。そのため、従業員が自分たちで物事を考えられなくなっているケースが多いのです。

買い手企業は「自社のエースを送り込まないと、売り手企業の事業が毀損《きそん》してしまうのでは

ないか」「オーナーがいなくなったら、顧客も組織もすべて瓦解してしまうのではないか」という懸念を持ちます。この懸念は、**買収の決断を鈍らせる要因**になってしまいます。

反対に、あるビジネスに特化し、収益を上げるための権限を従業員に渡せば、オーナーがいなくなっても組織が維持されることが買い手企業に見えます。大企業であれば珍しいことではありませんが、**中小企業で組織的経営が実行されているところは少なく、だからこそ価値が高くなるのです**。買い手側としてはテコ入れをしなくても済み、リスクを覚悟しなくてもよくなるからです。

本当の意味でキーマンが育っているかどうかは、キーマンと目される人物にインタビューすればわかります。営業部長、製造部長、管理部長などがオーナーと同じ意識を持って仕事をしているか、そこにずれがないか、何を実現しようとビジネスに取り組んでいるのか、その質問に対する答えで**権限が委譲されているかどうかがわかります**。

端的に表れるのは、**会社の今期の事業計画や予算**を記憶しているかどうかです。中小企業では権限が委譲されていないと、なかなか言えません。経営指標を把握しているかどうかで、社長のトップダウンかどうかが判断できるのです。

一言一句正確に記憶する必要はありません。正確な数字を求められているわけではないので、概要だけでも言えるかどうかが試金石になります。

他部署との連携を正確に言えるかどうかも重要なポイントです。キーマンは自分の中だけで閉じていては仕事になりません。他部署と交渉し、まとめ上げる立場にいるからです。そこに意識が及ぶかどうかは、判別の大きな材料になります。

業績を正確に把握しているかどうかも重要な要素です。中小企業の場合、会社の決算書は公開されていません。従業員にも公開されないケースがほとんどです。売上ぐらいは言えるかもしれませんが、粗利益や営業利益などを把握している従業員は少ないと思います。だからこそ、**業績を答えられるキーマンがいる中小企業は強く、次代の経営者層が社内に育っている証しになります。**

中小企業の事業承継のお手伝いをするときには、必ず**経営の透明性を高め、権限委譲を促進してください**と助言します。いつ聞かれてもいいように、あらかじめ準備運動をしてもらいたいからです。

不測の事態が起こってオーナーがいなくなったら、キーマンが権限を掌握しなければ会社は立ち行きません。権限委譲しないまま買収されたら、従業員は買い手企業にいいようにあしらわれてしまいます。それを避けるためにも、できる限り早期の権限委譲に向けて社内整備をしてくださいと依頼します。

すでに権限委譲の仕組みができている中小企業は、買い手に十分にアピールしてください。

書類が整っていなくても、実態が伴っていれば問題ありません。

M&Aが成立した事例1

組織の一体感が評価された介護サービス事業

定性的な強みによってM&Aが成立した事例をご紹介しましょう。

まずは、**ビジョンが共有されて組織の一体感が強かったため、資金調達が実行された会社のケース**です。

この会社は介護サービス事業を運営していて、健康な体を取り戻すことに力を注ぐリハビリ介護のデイサービスを主体としています。

多くのデイサービスは、要介護者と日中一緒に過ごすことが容易ではない家族の要望で、自力での生活が難しい人を預かるサービスです。そこでは、安心して楽しく過ごしてもらうことに主眼を置くことになります。

介護事業は基本的に、どんなサービスをしても保険制度で料金体系が決められています。介護事業者もビジネスなので、できる限りコストを抑えようとします。そうすると、設備投資は抑えられ、提供するときに問題が起きないよう必要最小限の消極的なサービスになりがちです。

介護事業に従業員として長年携わってきたこの会社の社長は、こうしたサービスの実態に疑問を抱きます。いくつになっても、人は健康で活発な日々を送りたいはずだと。そんな思いに共感してくれる仲間と独立し、この会社を設立しました。

毎日笑顔で帰ってもらうことを大切な理念とし、デイサービスでもしっかりとしたリハビリを施します。体力を向上させ、要介護の段階を少しでも改善することを目標に、運動の指導を徹底し積極的な介護を行うデイサービス業者として、事業に取り組んでいました。

しかし、いくら営業努力をしても収入額は決まっているため、収支は思ったほど伸びません。運動のための高額な機材を揃える設備投資は負担が重く、社長は私財を投じます。それでも足りず、銀行の融資も限界です。資金繰り改善のため、従来型の簡素なサービスに移行し、設備負担を軽くすることも議論しました。

しかし**社長は、会社の存在意義であり原点である創業時の思いを曲げようとしません**。その結果資金繰りが厳しくなり、数年で事業の売却を検討せざるを得なくなりました。

同業の大手企業を十数社ほど訪ねました。利用者が望む新しい付加価値サービスの展開を売り込みます。ところが、この会社の社会的な意義を認めても、収益力が低く規模も小さいため、事業としての魅力を感じる同業者は皆無でした。

資金繰りは逼迫《ひっぱく》、時間は限られてきます。事業の成長と採算の取れる見込みはあります。しかし、同業者や大手企業では書類の説明の段階から現地視察の段階に進むことすら難しい状況でした。社会のためになる素晴らしい事業でも、簡単には支援が受けられません。私は、社長と悔しい思いを重ねます。

社長は、利用者に笑顔で帰ってもらうという理念の実現のため、**スタッフへの教育には他社の数倍の時間とコストをかけています**。これが採算ベースに乗るのを遅くさせている要因でもありますが、基本的な理論からさまざまなケースと接客方法までしっかり学んだスタッフは自信にあふれ、利用者には一切の不安を感じさせない笑顔です。この現場の雰囲気を伝えることなく事業に終止符を打つことはできないと考え、**社会貢献活動にも力を入れるスポーツ関連企業のオーナー**に、多くの現場の写真を同封したレターをお送りしました。

「一度、視察にお越しになりませんか」

幸い、快く応じてくれたオーナーに対し、スタッフは弾けんばかりの笑顔で迎えます。デイサービスに来る高齢者との会話のときも、スタッフは笑顔です。それを見ていたオーナーは、そこに必ず元気になって長生きしようという明確な目的を持ったコミュニティが存在していると感じたそうです。

この会社が標榜する「健康で元気に」という理念が、社員一人ひとりにまで伝わっている。この視察からまもなく、オーナーは必要な資金支援に応じてくれました。

「社長の理念が共有されていて、みんなでそこに向かおうとしている。その姿勢に対する投資です。この資金はなくなっても構いません」

現場のスタッフの笑顔に、経営者の理念が反映されている。それが決め手となって、この会社は破綻の窮地から脱することができたのです。

M&Aが成立した事例 2

変わる力が認められたリサーチ・出版会社

もう一つの事例です。

売り手はリサーチや出版を手がけている会社で、2年前に売り手企業が希望した買い手企業と交渉を重ねましたが、そのときは破談となっていました。

この会社の中心事業はアナログの出版とリサーチで、オンラインは手がけていません。需要の不安定さと将来のマーケットに希望が持てないことから、縮小傾向にある会社を買うことはできないと見送られました。

この会社はあきらめませんでした。 全社一丸となって、過去に収集した情報をすべてデータベース化していきます。そのために総額1億円の投資をして、情報を少しずつオンラインで販売し始めました。

会社全体の売上に占める割合は小さいものの、オンライン取引は初年度で3000万円、翌年は5000万円に成長します。買い手の規模からすると決して大きな数字の変化ではありませんが、この2年間で新たな分野にトライし、形になりそうなところまで整えた成果が評価されました。

すると、一度断わった買い手企業が買収に応じたのです。その理由は、オンラインビジネスを始めたことでも、収益構造が多少なりとも変わったことでもないといいます。**買い手が評価したのは「変わる力」があったこと**です。

規模は小さくても、全社を挙げて変わろうとすることができる。全社を挙げて新しいことに取り組む土壌がある。業界は衰退市場かもしれないけれど、過去に蓄積した資産を価値化できるかもしれない。大手の資本がバックアップすれば、もっと違う形ができるかもしれない。その期待に至った根拠も、**この会社が柔軟に変化する力を持っていたから**です。

結果が出るに越したことはありません。しかし、収益力を高めたインパクトより組織として何か新しいことに取り組み、変化する力を持っていることを示したインパクトのほうが価値を感じてもらえることは少なくありません。

定量的な強みより定性的な強みが評価される場面もあるという事実を忘れないでください。

定性化ポイント

3

とにかく明るい

明るい会社は売れます。

にわかには信じがたいかもしれませんが、**従業員が明るい職場で働いている会社は、買い手企業は安心して買収することができます。**かつて、弁護士事務所の統合をお手伝いしました。小さい事務所の先生がとにかく明るい方でした。

クライアントが弁護士を「先生、先生」と持ち上げ、相談事があればクライアントのほうから弁護士事務所に出向き、どっかりと座った「先生」が偉そうにしゃべる。それが旧来の弁護士のイメージです。

しかし、この事務所の先生方は、お金を払ってくれる人がお客さまだと、定期的に自分からクライアントのところに出向きます。笑顔で話をしていると、クライアントはわざわざ出向いてまで相談しようとは思わなかったことを話し始めるのです。

クライアントに訪問してもらって話を聞くだけだと、弁護士報酬はなかなか一定額以上になりません。自分から訪問して明るく接するだけで、その事務所の先生方は**他の平均的な弁護士の倍以上の収入を得ていました。**

収益的には成功していましたが、諸々の事情で倍の規模の法律事務所と統合しました。現在は7、8人の弁護士を抱える事務所として手広くやっています。

士業事務所の統合も、本質は通常のM&Aと同じです。ただ、どんなクライアントとどんな内容の仕事をしているか、過去の案件でトラブルはないか、統合して信用が毀損することはないかなど、ことさらリスクに敏感になるものです。

経済的なリスクは補償額を求める計算式があっても、**信用や評判に関わる「レピュテーションリスク」は、なかなか計算できるものではありません。**そんなときには、むしろ**定性的な情報である組織風土や雰囲気、理念が重要視されます。**

弁護士も客商売です。明るく振る舞うと、クライアントの心が開いてビジネスチャンスを見出せます。明るい雰囲気は、クライアントからさまざまな情報を引き出しやすくなり、買い手企業がそれを価値と見なします。

明るさは、清潔、誠実、オープンで前向きな雰囲気を感じられる風土です。明るい風土は、掛け値なしに印象がよくなります。レピュテーションリスクが少ないという判断につながり、どんな逆境にも立ち向かう勇気が感じられます。コミュニケーションに齟齬《そご》がなく、情報共有に透明性がある。悪い情報も共有でき、変化を恐れずに前向きに進むと判断されます。

もちろん、明るいだけでM&Aが成立するわけではありませんが、他の要因で当落線上にあるときには、必ず助けになると思います。

従業員の「明るさ」をチェックする方法

明るい要素として一般的に挙げられるポイントは以下の通りです。

□礼儀正しく、挨拶がはっきりしていて、電話応対も早い
□廊下ですれ違っただけでも挨拶される
□二度目に訪問したときに、顔を覚えていてくれる

□心のこもった挨拶ができる
□挨拶の言葉に特別な一言が添えられる
□会社の入口、社内に清潔感がある
□掃除、整理整頓が行き届いている
□会社の沿革、自社の商品・サービスについて情熱を持って語っている
□会社の将来の夢が語れる
□会社での将来の個人目標が語れる
□新商品・新規サービスについて、社内から案がたくさん出る
□失敗を恐れない風土がある
□インタビューでも、隠し事なくオープンに話す風土がある
□顧客・取引先に対して、深い愛情が感じられる
□社員への深い愛情も感じられる

礼儀正しく、挨拶ができる。これはこれで重要です。ただ、トップが挨拶を徹底するよう訓示すれば、たいていの会社は実行することができます。それだけで明るい会社とは言えません。同じ挨拶をするのでも、二度目の訪問のときに顔を覚えていてくれて、名前を呼んで挨拶して

くれたらどうでしょう。相手は気持ちよくなってくれるはずです。挨拶だけでなく、何か一言添えるだけで、**心のこもった挨拶**になります。そういう挨拶ができる従業員のいる会社は、とても明るい雰囲気に感じられます。

相手に合わせた挨拶は、注意深く相手を見なければできません。興味を持たないと言葉が出てきません。相手を大切に思う心があることの表れなのです。

買い手は、売り手を統合した後に、その従業員たちと一緒に同じ商品やサービスを顧客に提供します。そのときに、こういう挨拶ができるこの人たちだったら、温かく顧客に接してくれるだろうという**安心感**につながるのです。その先には、両者が結束し、前向きに新しい取り組みを進めていけるという確信につながっていくこともあるのではないでしょうか。

情熱を持って自社の沿革や商品・サービスの優れた点を語れる従業員がいる会社は、買い手も好感を持つと言えます。中小企業でも、従業員は自分の会社に誇りを持ち、将来像を夢見るものです。小さいから潰れてもいいと考える従業員はいません。

「あなたは10年後、どんな仕事をしてみたいと思っていますか？」

こんな質問を投げかけたとき、即座に答えられるかどうかは大きなポイントです。聞かれて即座に答えられるのは、普段から考えているか、上司や先輩や同僚といつもそのことを話しているということで、**風通しのよい明るさと評価されます**。

M&Aが成立した事例 3

明るい挨拶で救われた電気機器部品の製造・組立加工会社

電気機器部品の製造・組立加工業を営む中堅企業の事業承継を担当しました。

この業界は市場そのものが衰退していて、企業努力だけでは回復の見込みはありません。川上、川下の企業との統合を目指して交渉を行いますが、不調に終わってしまいます。

そんなとき、たまたま**同業の大手企業**が興味を示してくれました。ただ、企業の詳細調査を行い価値を算定するデューデリジェンスに入っても、慎重なスタンスは崩れません。まとまるかどうか不明な点も多かった。会社としてはどうしても存続しなければならなかったため、従業員のリストラや製造ラインの統廃合に手をつけざるを得ませんでした。

リストラや統廃合に手をつけると、どうしても現場はギスギスした雰囲気になるものです。中小企業は上場企業のように「きれいな」リストラはできません。上司から肩をたたかれて、逆上する従業員が出ることもあります。

以前から、この会社にはテニス、野球、旅行のサークルがあり、従業員が和気あいあいと活動を楽しんでいました。この会社はサークルに補助金を出していたわけではないので、費用は従業員の自腹です。会社が苦境に陥っても、活動を停止する理由はありません。しかし、通常はリストラが行われるようなときにのん気にサークル活動をやっている場合ではありません。ところが、従業員は複雑な思いを抱えながらも、サークル活動を続けました。

買い手企業がデューデリジェンスに入ると、買い手企業の担当者が売り手企業に乗り込んできます。そのとき、売り手企業の従業員たちは、買い手企業の担当者だと知りながらも、明るく挨拶をしていました。

「お手数をおかけして申し訳ございません。がんばりますから、どうぞよろしくお願いします」

決して媚びへつらうわけでもなく、ただ明るく挨拶をしただけです。製造ラインが止まっても、いつものように整理整頓を続け、仲間が徐々に欠けていくのを目の当たりにして心が騒いでも、変わらず**明るい挨拶と丁寧な整理整頓**を続けていました。そして、ついに買い手企業が決断し、買収することで合意したのです。厳しい状況のため会社丸ごとの買収というわけにはいきませんでしたが、一部の事業譲渡が実現しました。

最初は本心では乗り気ではなかったはずです。しかし、**従業員の姿を見て、何とかしてあげ**

たいという「情」がわいたのだと思います。残念ながら従業員全員を引き受けることはできませんでしたが、それでも「ゼロ回答」にならなかったのは、**従業員の明るさが一つの決断要素になった**といえます。

実際、定性的な強みが「決め手」になっている

定性的な強みは、定量的な強みのように落ち込むことがありません。

組織の一体感はどんな状況でも企業文化として継続できるので、こうした強みは買い手企業にアピールする材料になります。真摯に取り組み続けてください。

私たちが買い手企業と契約して売り手企業のデューデリジェンスに入り、インタビューで定性的な強みを発見した場合、レポートにはこう書きます。

「従業員には目指す先輩社員もいて、会社の社内活動に対する参加率が高く一体感があります。買収後にどのようなことがあっても、従業員の離散は少ないと判断されます」

「新しい製品が出たときにも、この会社は社内における意思の共有がスピーディーに行われるので、方向性が定まったときの瞬発力は高いと考えられます。新しいプロジェクトに関する部門横断的なチームの組成も、瞬時にできる土壌があります」

「インタビューにもオープンに話す土壌が感じられます。帳簿上簿外債務はなく、顧客とのトラブルもなく偶発債務も発生しそうもないので、これ以上問題債務が出てくる可能性は、ほとんどないと見ていいと思います」

こうした定性的な強みは、**普段からの蓄積**がなければ見透かされます。M&A対策として「付け焼き刃」的にやっても、買い手は必ず見破ります。

そうは言っても、定性的な強みを持っていないという会社もあるでしょう。そんな会社でも、まだ間に合います。半年、1年、2年かけて徹底すれば、企業文化にまでは昇

定性的な強みの見つけ方

1 ダメな理由が明確	失敗の理由が明確になっていることが強みになることも
2 組織の躍動感と一体感がある	買収後の新しい取り組みに前向きに臨む姿勢が感じられる
3 とにかく明るい	清潔、誠実、オープンで前向きな雰囲気を感じられる風土

華させられなくても、その姿勢は必ず評価されます。

これからは、中小企業同士が統合し、企業として強くなっていくことが生き残りの必須条件です。上場企業や大企業にのみ込まれるM&Aとは異なり、こうした状況では**定性的な強みが重要な決め手になっている**のです。

実際、一緒になった後のことを考えると、定性的な面がじわじわと影響を及ぼしてくるのは間違いありません。M&Aを有利に進める意味でも、単独で生き残る意味でも、定性的な強みはできるだけ備え、そして、磨き続けることが大切です。

残念ながら……こんな会社は売れません

ここまでお話ししたように、粉飾、赤字経営、債務超過などがあっても、やり方によっては事業承継そのものを進めることができます。

粉飾は粉飾部分を修正して正常な決算に戻し、そのリスクに対して買い手が納得すれば問題ありません。赤字経営は赤字事業を切り離して黒字事業だけをM&Aの対象とすれば、事業そ

のものを評価する買い手企業が見つかる可能性があります。債務超過も、現在の事業が黒字であればその事業だけを対象として買い手企業を探すのは難しくはありません。

しかし、事前の準備に入る以前に手のほどこしようがなく、M&Aの対象とはならない会社があります。それが次のようなケースです。

①コンプライアンス上の問題を抱えている

□主要事業において法令違反や訴訟リスクがある↓第三者の知財侵害や必要な許認可を得ていない。違法な状態での操業

□不正取引、不祥事や顧客クレームが多い↓オーナーの公私混同取引は程度問題

□管理体制があまりにずさん↓契約書や取り決め文書がほとんどない。会計基準が曖昧。過去の決算が修正不能。現金管理が滅茶苦茶

□情報開示に対応できない↓必要な情報を整理できていない

□反社会的勢力との取引があり、解消できそうにない

②事業構造上の問題を抱えている

□市場が消滅しそう

□特定の人材や取引先に過度に依存している
□根幹となる技術の伝承が難しい
□社員の離職率が非常に高い
□ライフサイクルが短い商品に依存していて、商品開発体制も脆弱である
□会社設立したばかりで事業がないに等しい

粉飾、赤字経営、債務超過のリスクはある程度見積もることができます。ところが、確実にリスクとなるコンプライアンス上の問題は、リスクの程度や実害を把握するどころか見積もることさえできません。

反社会的勢力との取引も、最近はとくにわかりにくくなっています。その場合は金融機関借入があるかどうかである程度確認できます。

銀行が貸付を行う場合、必ず反社会的勢力との取引がないか独自に構築したデータベースを参照しているからです。すべてが明らかになるとは限りませんが、**一定の安心材料**にはなります。

とはいえ、コントロール不能のリスクをわざわざ抱え込む企業はありません。**コンプライアンス上の問題を抱える企業は、基本的に売却対象とはなりません。**

開示しなくてもいい情報、直前まで開示しないほうがいい情報

ただし、一点だけ説明が必要なケースがあります。それが**「情報開示に対応できない」会社**です。

売り手企業は、基本的に買い手企業に求められた情報を開示すべきです。義務ではありませんが、開示された情報に基づいて買収価格を検討する買い手企業にとって、**開示された情報が多ければ多いほど金額はより適正かつ正確になり、少なければ少ないほどリスクと評価され、より曖昧かつ減価されることになります。**

求めた情報が出てこない、求めてから提示されるまでに時間がかかる、ある人と別の人が語る情報が違う。こうした事態には重要な情報が整理されていないか、意図的に隠しているか、どちらかに見られてしまいます。

買い手企業は、いずれの場合も売り手企業に不信感を持ち、M&Aがまとまる可能性は低くなります。

ただし、開示しなくてもいい情報、むしろ直前まで開示しないほうがいい情報があります。たとえば、**顧客ごとに異なる値引き率の詳細、現在進行中の共同開発先の情報**など、**秘匿性の高い営業上、研究開発上の機密事項**がそれに該当します。人事における**個人の評価情報**もそうです。

むしろ、**こうした情報は買い手企業と最終的に合意するまでは、開示してはいけません。**

たとえ秘密保持契約を結んでいても、M&Aが成立しなかった場合にどこから漏れるかわかりません。自己防衛のためにも、契約の直前までオープンにするべきではありません。開示するか否かの判断は、慎重に行うべきなのです。

特定の人材に過度に依存している会社は危ない

事業構造上の問題についてもっともわかりやすいのは、**近い将来市場が消滅する可能性のある業界**です。これは解説するまでもありませんが、売却先はほぼ見つかりません。

主要な顧客やキーマンが特定の人材に過度に依存している会社も、なかなか売れないと思って間違いありません。スター弁護士が一人と、事務仕事をするアシスタントが一人しかいない法律事務所は、そのスター弁護士がいなくなれば法律事務所としての機能が維持できなくなります。

事業会社でもこんなケースがあります。

売り手は業歴15年、従業員10人のマーケティングコンサルティング会社です。社長の能力は折り紙付きで、営業は社長に100％依存しています。営業利益は黒字を維持してきましたが、社長の個人的な人脈に依存してきたため、なかなか長期安定的な顧客を獲得することができません。従業員も新卒や転職による通常採用ではなく、社長の知人や友人の紹介で採用した人がほとんどでした。

あるとき、この社長の体調が悪化し、先行きに不安を感じた社長がM＆Aを決意し、動き出しました。

しかし、少人数かつ業界経験者が少ないうえ、コンサルタントとしての教育・育成体制が整っていませんでした。優れた能力を持ったコンサルタントも不在で、すべての面で社長一人に依存した組織です。

M＆Aによって社長が経営から離脱した場合、顧客や従業員が流出する懸念がありました。

会社を引き継ぐ従業員も見当たりません。この時点で、会社丸ごと、事業部門だけの事業承継は無理があると判断、社長が病気の治療に専念するため、従業員の移籍先を決めることしかできませんでした。

中小企業の場合、あらゆる権限がオーナーに集中する傾向が見られます。とくに**オーナーが営業マンや、サービスを提供するメインプレイヤーの場合は、過度に依存しすぎていると判断されます。**

この場合、オーナーなしで組織を継続させるのは困難と判断され、このタイプの会社が不用意にM&Aに突入すると、噂が広まって急速に事業が縮小してしまうことがあります。そうした事態を避けるためにも、事業の根幹をなす営業部門と製造部門を任せられるマネジメント層を育成し、**複数のキーマンを育てるべき**です。

人に依存していなくても、**取引先が1社に集中し、その取引先との契約が近い将来失効しそうな場合も売却は困難**です。

重要な経営環境の変化が起こったときの見直し条項が入った契約を結んでいる取引先が、近い将来契約の見直しを主張してくる可能性が高い場合も、その問題がクリアされなければ可能性はありません。

その会社が存在するための**根幹となる技術の伝承が難しい会社**も、売却は困難を極めるでしょう。特殊な金型を製作している企業の場合、磨き上げの工程や絞りの技術は、その職人しか知り得ません。買い手企業がその技術を受け継ぐ人材を用意し、伝承が完了するまで引き継ぎ時間が取れる場合は事業承継に臨めるかもしれませんが、そんな時間的余裕や人材がないことのほうが多く見受けられます。

技術を組織として伝える仕組みを持った会社はともかく、ほとんどの中小企業の場合は人手不足やコストの問題から、次世代の育成ができていません。そうなると買い手企業が尻込みしてしまうケースがほとんどです。

その打開策として、最近では**職人の作業工程を動画に収め、後輩たちが見よう見まねで再現できるように保存しておく**ことで、最低限の伝承を実現しようとする試みも増えています。何らかの努力や工夫を行わない限り、技術の後

こんな会社は売れない！

1 コンプライアンス上の問題を抱えている

例
管理体制があまりにずさん
反社会的勢力との取引があり、解消できそうにない
主要事業において法令違反や訴訟リスクがある……

2 事業構造上の問題を抱えている

例
特定の人材に過度に依存している
根幹となる技術の伝承が難しい
社員の離職率が非常に高い……

継者が育っていない会社のM&Aは難しいと思います。

社員の離職率が高い場合も難しいでしょう。離職率が高いのには理由があるはずです。M&Aが実行されたら、離職する従業員が増える可能性もあります。事業を買収しても、その事業を継続できなければ意味がありません。

売り切りで反復性がなく、ライフサイクルが短い商品を主力とする会社も困難を極めると思います。

顧客や取引先などの無形資産も、ライフサイクルが短い場合には会社へのロイヤリティが低く有効打になるケースは少なく、興味の中心はヒット商品を生み出し続ける商品開発力になってきます。そこに見るべき価値がない場合には、売却先を見つけるのは至難の業になってきます。

自社の価値を「発掘する」ことが成功につながる

今、M&Aは規模の小さな会社でも数多く成立しています。有名で規模の大きな会社のM&Aより、はるかに好条件で売れたケースも少なくありません。

規模が小さいということは、**むしろ「伸びしろ」が無限大にある**と解釈することができます。その伸びしろをしっかり受け止め、事業を成長させてくれる買い手企業に巡り合うことができるかどうかが分水嶺となるでしょう。

そのためには、自社にどんな価値があるのか見つめ直す必要があります。多くの中小企業の経営者は謙虚なのか、その素晴らしい価値に気づいていません。

いろいろな価値を発掘してください。

財務の数字、お客さまの満足度、会社の空気感。そこで見つけた価値が、ある買い手企業にとっては無意味でも、別の買い手企業にとっては無限大の意味を持つかもしれません。**独自の価値をできる限り発掘し、表現し、その価値をもっとも伸ばせる相手と組むことを考えましょう。**関係するすべての人々を幸せにし、高く売れることにつながります。

第3章 まとめ

- 高い値段で売却するため、会社の「強み」をあぶり出そう
- 規模が小さくても赤字でも、ほとんどの会社に「強み」は見つかる
- 中小企業の「強み」となるもの

①取引先（B to B）　②顧客（B to C）　③ヒト（従業員）　④シェア

⑤特許・技術・情報　⑥とんがり（存在意義・経営哲学）

- 「強み」を見つけるポイント

定量的（売り上げの伸び。粗利益率。一人当たりの利益額）

定性的（ダメな理由が明確。組織の躍動感と一体感がある。

会社の雰囲気が明るい）

- 売却が困難な要因とは

①コンプライアンス上の問題がある

②事業構造上の問題がある

第　4　章

売り急いではいけない！自社の価値を高める「磨き上げ」

M&Aには最低でも半年から1年はかかる

今日、明日にどうなるというわけではないにせよ、近い将来の資金繰りに窮している場合は、会社を急いで売却したくなります。オーナーの重病がわかったり、高齢のため日々の激務に耐えられなくなったりするケースは、できるだけ早く売却したいという要望が強くなります。

こうしたケースでは、時間をかけて事前準備に取り組む余裕はありません。可能な限り速やかにM&Aを始めることになります。

とはいえ、すぐに売却先が決まることはありません。自らの状況を整理し、有力な候補を探し出し、相手からのさまざまな調査をクリアしたうえで取引が成立することになります。

とくに、買い手企業は売り手企業についての「査定」を行うため、それだけでも数か月はかかります。**M&Aのプロセス全体を見通すと、最低でも半年から1年はかかってしまいます。**

M&Aは、ある程度長い時間軸で考えなければならない取り組みなのです。

条件の良い買い手企業を見つけ、高額な売却価格を実現するには、自らの弱点を修正し、強みをしっかりとアピールしなければなりません。自らの価値を高めるためには、しっかりとした**事前準備が必須**となるのです。

M&Aに際し、**自らの価値を高める作業を「磨き上げ」といいます。**

自分の会社の価値を上げる「磨き上げ」作業

磨き上げは、買い手企業との交渉を開始する前に、**売り手企業に存在する問題や課題を自らの力で調査し、認識し、その対応策を策定し、実行すること**です。より良い条件を買い手企業から引き出し、売り手企業の中長期的成長に寄与するM&Aの成立を、売り手企業主導で実現することを目指すのです。つまり、**売り手企業自身で自社の売却価値を最大化するためのアクション**です。

具体的には、M&Aの成立を阻害する要因を取り除いたり、M&Aを円滑に遂行させたり、M&Aが成立した後に買い手企業の事業運営が円滑に進むよう経営環境を整えたりする作業です。自己診断をして直せるところは直し、すぐに手をつけられない点は、直すべき点を把握して直すための方針を検討し、解決策を提示します。売り手企業の経営内容を改善することは、売却先の選択肢を広げ、**より良い売却条件を獲得するための価値を向上させます。**

「磨き上げ」をやらないと、M&Aが破談になるケースも

磨き上げに取り組んで発覚した問題や課題を、自らの手で解決して買い手企業との交渉に臨むのがベストな方策です。

しかし、自力で解決できる問題や課題ばかりではありません。それでも直すべきポイントを正確に把握し、解決策を示せば、だれかの手を借りて直すのか、買い手企業に買収された後に一緒に直すのか、もっとも効果的な手段を選べます。

磨き上げで重要なのは、自らの問題点がわかっていて、対処方法もあると伝えることです。

どこに問題があるかわからないと、買い手企業は買収に二の足を踏むことになります。

中小企業のM&Aでは、磨き上げがほとんど実施されていません。磨き上げには時間とコストがかかるため、中小企業にはその余裕がないからです。M&Aを伴走する仲介会社や助言会社に、磨き上げの知識と経験が少ないことも要因の一つです。

結果として、磨き上げを行わないまま買い手企業の詳細調査に入り、そこで問題点が多数見つかってM&Aが破談になることがあります。仮に成約できても、買い手企業主導の売却条件が提示されるなど、売り手企業に多くのデメリットが発生してしまいます。これは非常にもったいないことです。

自分の会社の価値を上げる「磨き上げ」作業

「磨き上げ」とは…	売り手企業自身で自社の売却価値を最大化するためのアクション
「磨き上げ」で重要なのは…	自ら問題点がわかっていて、対処方法もあると伝えること
「磨き上げ」をやらないと…	問題点が多数発覚してM&Aが破談、のちに売り手企業に多くのデメリットが発生することも

「磨き上げ」事例

新製品の開発・製造を目論んだM&Aが成立

磨き上げのイメージをつかんでいただくために、あるケースをご紹介します。

第2章の事例⑪でご紹介した、売上30億円、営業利益1億円の化学品材料メーカーです。

この会社は安定的な業績を上げていましたが、後継者がいないことに加え、中長期的に業界のパラダイムシフトが進むことが予測されるため、あえて好調な時期に大手資本の傘下に入ることを企図し、M&Aのプロセスに突入しました。

各製品の売上推移、粗利益などについて調査したところ、同業他社との差異はほとんどありませんでした。しかし、品質保証に関してもっとも厳しい目を持つ顧客との間に、長年にわたる取引実績がありました。その根拠となる要因を磨き上げのプロセスで探した結果、ある事実が浮かんできました。それは、**研究開発部門が多くの大手企業の試作品を受託していて、極め**

て高い水準で顧客の要求をクリアしつつ、広く普及する製品の基礎を担っていたことです。

そこで、研究開発部門の情報の整理を行い、**どんな分野の製品開発に強いか明確に示し、保有する技術とノウハウを丁寧に記述**しました。

第3章でお話ししたように万一破談になるケースを考慮し、M&Aプロセスの最終段階に進んだ候補先だけにその情報を伝えます。

試作品を受託するだけあって、研究開発部門には多種多様な設備が充実しています。生産ラインも、生産のリードタイムが少なく多品種小ロットの製造に適している点も浮き彫りになりました。さらに製造設備の生産余力を調査し、その情報を整理して伝えることで、買い手企業がさまざまな新製品を企画しやすいよう配慮しました。

磨き上げによって価値の「見える化」を行った結果、買い手企業は自社が企画した新製品が安心して実現できることに確信を持てたと思います。その結果、この会社の収益状況から算出される価値評価に加え、買い手企業の実現したい事業から得られるであろう収益、つまり**「シナジー価値」まで評価されることに成功**したのです。まもなく、買い手企業の製品事業への新規参入と**新製品の開発・製造を目論んだ両社の発展的なM&Aが成立**しました。

この事例では、研究開発部門の技術やノウハウの見える化を紹介しましたが、これは研究開発部門に限ったことではありません。商品企画の歴史や、マーケティングの成功、失敗の記録を整理し見える化することでも、買い手企業にとっては思わぬ価値につながることもよくあるのです。

M&Aの阻害要因となる問題の洗い出しと修正

磨き上げには2つのレイヤーがあります。

一つは、M&Aのプロセスが始まるまでに必ず解決しておかなければならない部分です。会社としての価値が高い・低いの判断をする前に、**売却そのものが成立しないポイントです。これを「M&Aの阻害要因となる問題」**と定義します。

M&Aの阻害要因となる問題とは、何も手をつけずに放置すると、M&A取引の遂行が困難になったり、取引条件に不利な制約が課せられたりする恐れが生じたりします。主な阻害要因は次の通りです。経営や事業、取引について、①法務、②財務・税務、③組織・人事・労務の視点から致命的な阻害要因の有無をチェックします。

✓M&Aを阻害する主な要因

①法務からの視点

□株主は適法に株式を取得しているか
□会社として成立させるための基本的事項が有効に守られているか
（決議や登記手続き、諸規則・規程の整備、許認可の届出等）
□重大な法令遵守違反がないか
□主要な取引先との契約が実態に即して締結されているか
□重要な資産や技術の使用が法的に有効な状態になっているか

②財務・税務からの視点

□不適切な会計処理や税務処理はないか
□未払い残業代ほか簿外債務はないか
□訴訟ほか偶発債務の恐れはないか
□循環取引、継続的に不当な値引きや過剰仕入れ等、不適切取引や不利益取引はないか

右記の各事項が大規模であったり、金額の算定が困難な事項である場合には、磨き上げにお

いて治癒できず、M&Aプロセスに入ることを断念したり、取引ストラクチャーを再検討しなければならないことがあります。

③組織・人事・労務からの視点

□解消し難い不当な労働環境で勤務させていないか
□心身ともに不健康な社員が多く、離職率が非常に高い状態となっていないか

これら3つの視点において挙げられた主な事項に該当すると、正常に直すか、直す手順が明確になっていないと、基本的にM&Aのプロセスに入れません。右記の事項に該当することは、買い手にとっては極めて慎重にならざるを得ないということです。

中小企業のM&Aに携わっていると、**ほとんどの会社で何らかの阻害要因となる問題が発見されます。**

✓よくある間違いや勘違い

①会社の基本的情報における株式

□株券が行方不明になっていて見つからない
↓「会社で保管しているはず」という曖昧な意識、本人がわからなくなっている
□株式の所有が担保されていない
↓もともと、創業時に知人にお金を預け、役員も知人にし、設立したものの……
□株主の来歴が不明
↓株式の購入資金を現金で渡したため、購入履歴が残っていない
□株式の譲渡承認がなされていない
↓真の所有者と名義人が違っている
□株券の所有者と連絡がとれない
□会社法による自己株式取得手続きを無視し、通常の売買手続きで自己株式を譲り受けている

②法務・労務

□株主総会が開かれていない。開かれていても議事録がない
□取締役会が開かれていない
□定款に記載されていない事業を営んでいる

□許認可が必要な事業を、許認可を得ずに営んでいる
□会社の建物、設備が消防法に違反している
□建築基準法に違反した建物を所有、使用している
□従業員の残業管理をしていない
□従業員の給与の支払いが、1か月に1度も行われていない
□社会保険に加入していない
□役員への仮払金が積み上がっていて、処理をしていない
□役員との貸し借り等の利益相反取引が、取締役会の承認を得ずに独断で行われている
□主要な取引先との契約書がない
□不動産や特許など、主要な資産の正当な利用を担保する契約書がない
□就業規則がない
□雇い入れ通知書がない

③財務

□売上計上の基準が一貫していない
□消費税に関する会計処理が適切に行われていない

□減価償却に関する償却方法の選択が適切に行われていない
□棚卸資産の確認ができていない。計上の基準がいい加減
□不良在庫を処理せず、そのまま計上している
□海外取引において、為替の取り扱いがいい加減
□現金残高の確認が行われていない
□総勘定元帳が手元にない（税理士に任せていてわからない）
□謎の業務委託が多発している
□大手企業を相手にした取引で、別会社や個人へのキックバックを要求されている
□接待交際費が公私混同されている
□自己株式取得、第三者割当新株発行において、株価をいい加減な価格で実行している

④税務

□税務申告書を提出していれば、税務署が申告を承認したと思い込んでいる
□顧問税理士がチェックすれば、税務上の問題はないと思っている

⑤事業ほか

□取引料金の設定基準がない。あるいは曖昧
□事業に関わる帳票が整理されていない
□営業管理がされていない（見込み顧客、顧客とのコミュニケーション履歴等）
□社員の行動を把握していない
□親族の幽霊社員がいる
□守秘義務意識が薄く、重要な取引データが漏えいしている
□人事評価がまったくなされていない

これらの項目に心当たりはありませんか。該当する項目があった場合は、可及的速やかに修正、改善しなければなりません。この修正、改善が**基礎的修正**といわれる磨き上げです。

磨き上げ準備のためのチェックリスト

磨き上げを漏れなく行うためのチェックリストを以下に記します。

①会社の基本的情報

□株券発行の有無
□株主名簿の有無
□株主来歴の把握
□株主異動の適正な手続き
□名義株の有無
□株主属性情報および株主間の関係の把握
□資本政策に関する書類の有無
□定款の内容と法令との適合性
□定款の内容の会社運営における遵守性

□取得許認可一覧の把握
□商業登記簿謄本記載事項と実態との乖離の有無
□組織図の有無
□役員名簿、役員略歴、担当業務の把握
□各部署の役割の明確化と責任者の配置の有無
□会社案内・商品案内の有無、更新頻度の確認
□業務フロー作成の有無

②事業

□事業の強み・弱みの把握
□事業計画作成の有無
□予実管理の実態の把握
□営業状況や取引先の情報管理
□研究開発一覧作成の有無
□事業部門ごとの売上推移・利益状況・取引概容（商流）の把握
□主要顧客ごとの取引内容（取引額、値引率、資金サイト）の把握

□グループ間取引、役員・株主との取引の確認

③**財務**

□会計帳簿の作成・保管の有無

□会計基準に適合した会計処理および正しい決算書の作成

□決算書の記載内容の充実

④**税務**

□税務申告書控え等、税務に関する届出書類の保管

□納税額一覧表作成の有無

□税務調査・修正申告履歴作成の有無

⑤**法務**

□契約書の締結、保管

□契約書の不備の有無

□所有不動産、賃貸不動産のリスト作成の有無、契約書の保管

□知的財産権、技術・ノウハウのリスト作成の有無
□訴訟紛争関連、クレームに関する記録の有無
□利益相反取引の一覧リストの作成の有無
□営業秘密等の管理状態の把握
□個人情報の管理、体制整備状況の把握
□反社会的勢力遮断への取り組み状況の把握

⑥人事・労務

□役員退職金規程の整備
□役員の異動・報酬の検証資料の整備
□従業員リストの有無
□従業員管理台帳、給与台帳、賃金台帳の整備
□雇用契約書、就業規則、給与規定等の整備
□労働日数、休日、労働時間に関する諸規定の整備
□昇給、賞与、諸手当、時間外手当等に関する諸規定の整備
□出勤簿、タイムカード、業務日報等による管理

□社会保険への加入の有無
□労災事故の有無およびその記録の管理
□労使協定の締結の有無、労働組合の有無
□懲罰記録、労使紛争の履歴の管理
□各種ハラスメント等の労働環境の確認

⑦その他

□環境関連法規遵守の把握
□資産設備の適切な修繕、使用状況の把握
□システム運用管理における適法遵守の把握

より高く売れる会社にするための「磨き上げ」財務編

もう一つは、M&Aの直接的な阻害要因にはならないものの、**会社の価値を高めたり、売却先の候補の範囲を広げるための施策**です。

上場企業、大手企業をM&Aの買い手企業と考えるとき、中小企業といえども「経営管理体制の適正化・高度化」は、大きな加点要素となります。取引契約の整備、月次決算の導入、各種経営管理指標のデータ化、社内規定の整備、内部統制の充実などを、必要に応じて実行します。

とりわけ、**顧客や仕入先との契約書の整備、取引条件の改善や明確化、月次決算の早期化は必須事項**です。同時に、**購買手法の改善、金融機関取引の整理、固定費削減の実施は検討すべき事項**です。

事業の強みの源泉を発見し、それを的確に表現し、買い手企業にシナジーを期待させるよう**「見える化」「使える化」する作業**の重要度は高まっています。

中小企業の事業承継においてM&Aが一般的な選択肢となりつつある今、売り手企業の事業が他社にない強みを持っていること、その強みを買い手企業の経営資源と融合すればシナジーが期待できることは、必須となっています。そのためにもう1つの磨き上げに取り組むことは、避けて通れない道なのです。

そこで、磨き上げを通じていますぐに手をつけるべき「改善」について考えていきたいと思います。1つ目は財務面に関する3つのポイントです。

財務面の「磨き上げ」ポイント

1 損益を改善する

2 資本効率を上げる(貸借対照表の改善)

3 キャッシュフローを改善する

財務面に関する磨き上げポイント①

損益を改善する

不採算部門・不採算商品・不採算サービスは、すぐに廃止する方向に踏み出してください。すぐに撤退できない事情がある場合は、撤退する期限を検討し、それを明確に示すことで信頼を獲得することができます。

無駄な経費は削減してください。M&Aに限ったことではありませんが、買い手企業にアピールするためには、かなり厳しく取り組む必要があります。

中小企業は、上場企業や大企業に比べて、仕入れや購買に関して無頓着なところがあります。複数の取引先に小刻みに発注するのではなく、取引先をできるだけまとめ、一度の発注量もまとめることで**ボリュームディスカウント**をきかせることを検討してください。

会社と会社の力関係でやむを得ない面はありますが、取引の際に商社をはじめとする中間会社を介在させているケースがあると思います。

本来の商社機能である信用補完や代金回収といった恒常的なメリットがあれば合理的ですが、紹介してくれた知人の会社に恒常的にマージンを落とし続けるためだけのケースが見受けられます。これを機に、各取引先との取引の意味を吟味し、できる限り中間マージンを廃し、最適な価格での仕入れや購買を実行するように心がけてください。

スポットで商品購入をする場合には相見積もりを取ることが多いと思いますが、恒常的な取引を見直す場合にも、**競争入札**を行うことでより一層のコストダウンが図れます。摩擦を恐れずに検討してください。

同じ視点から、**オーナーが設立している別会社を含め、親密企業との不利益な取引があるかどうか**確認してください。不要なものは取引を停止し、必要な場合でも不当な金額や取引条件は改善してください。

中小企業は、金融機関に対して強くものを言えない環境にあると思います。昔に比べて程度は軽減されているようですが、高い金利、不要なスワップ取引、非常識に思える担保設定や連帯保証、不要な預貯金の要請、個人や家族の丸抱え取引を狙った情報開示の要請などが横行しています。

金融機関の言いなりになった取引や情報開示は、立ち止まって冷静に必要性を判断してください。日ごろから複数の金融機関と情報交換し、常識的な感覚を持っておくことが重要です。他の金融機関からの情報を参考にすることで、大幅に融資条件が改善するケースも少なくありません。

タックスプランニングも有効な手段です。タックスプランニングとは、必要以上の税金を支払わないための、**合法的かつ効果的な節税対策を講じること**です。税務署に否認されるような損金計上は避けなければなりませんが、適正な損金計上はキャッシュフローを改善する意味でも大事な手法です。

財務諸表をよく見せるために、黒字であるにもかかわらず、不良在庫や回収不能な売掛金を長年計上しているケースによく出合います。

損金計上できる要件を整え、速やかに処理して法人税を軽減しましょう。タックスプランニングとしての損金計上は損益を一時的に悪化させますが、最終的には損益計算書上もキャッシュフロー上でも改善が見込まれるので、すぐにやれるものは思い切ってやりましょう。

✓月次決算対応との事業計画の整備は必須

一年に一度しか取締役会を開いていない、一年に一度しか決算数字を見ていないのは、経営者として好ましい態度とは言えません。

上場企業や大手企業は、必ず月次決算を行い、経営状況を組織で共有する仕組みが構築されています。M&Aでそれらの会社が買い手企業となる場合には、傘下に入った後は速やかな対応が必須となります。売却候補先が広がる可能性を高めるためにも、月次決算の策定は磨き上げに関してかなり重要な部類に入ります。

税理士に年に一度だけ帳票を渡し、そこで初めて試算表が出てくるようでは、会社としての経営管理が機能していないと疑いの目を持たれてしまいます。驚くことに、**期中の経営状況を一切把握していない中小企業は少なくないのです**。こうした体制は、事業承継に向けて大きな障害になりかねません。

月次決算を行っていなければ、数か月から半年ぐらいかけて、月次で経営管理をする仕組みを定着させることが必要です。

単に経理の伝票処理をするのではなく、できる限り正確に、売上や経費の月次での締め方や相手方との請求処理、在庫の状況確認などを行います。そのうえで月次の試算表を作成し、予算との対比を討議し、経営状況を把握したうえで、必要な対応を組織展開することが重要です。

そして、経営者だけでなく取締役や部課長クラスにも月次決算の状況を共有する仕組みを作るべきです。それが次の経営者の育成につながるからです。

中小企業は権限がトップに集中し、経営者以外に経営情報を出さないケースが散見されます。

これでは、有能な部下が育ちません。経営人材の育成のために、月次決算への組織的な取り組みは有効に働くと思います。

過去の結果としての損益計算書には影響を与えませんが、将来の事業計画はしっかりと立ててください。**磨き上げの集大成は、事業計画**とも言えます。

多くの中小企業は事業計画を立てていません。中長期計画はもちろん、単年度でも取引金融機関に向けた簡便な予算計画を作成するぐらいです。M&Aでは買い手企業が事業計画の開示を求めてきます。売り手企業が、どのような戦略に基づき経営資源をどのように投下するか、その結果どのような収益変化をもたらすかについて、売り手企業がどのように考えているかを知るためです。収益の見通し、設備投資や人材計画、商品の市場への投入計画、研究開発など、売り手企業の考え方の骨子だけでも理解したいと考えています。

買い手企業は、事業計画を参考に売り手企業の価値評価を行います。事業計画が策定されていない場合は、ざっくり過去3年間の平均値から、あるいは、その中でもっとも収益の落ち込んだ値をもとに算定されてしまいがちです。また、買い手企業の「常識」に基づいた、非常にシビアな事業計画をもとに価値が評価されたりもします。

情報がなければ、消極的にとらえるしかありません。せっかく成長軌道に乗っていても、収益の具体的な改善が見通せていても、それが価値に反映されません。だからこそ事業計画が必要なのです。M＆Aに限らず、経営のためには必要なことです。

とはいえ、右肩上がりの根拠のない売上計画や、ロケットスタートのごとく実現性の低い利益計画を作成しろというのではありません。合理的、かつ実現可能性の高い事業計画を作らなければなりません。事業計画の内容によって、買い手企業が算定する**価値に1・5倍から2倍の開きが出ることも**あります。可能な限り具体的な事業計画を作り、それを買い手企業に正確に説明できるようにしてください。

インターネット会社やゲーム会社など2年先、3年先の状況が見通しにくい業種の場合、**単年度の事業計画でも十分**です。むしろ、そんな業界の会社が3年先までの根拠の希薄なバラ色の計画を立てても、立ち上がったばかりのベンチャー企業の事業計画と同様に、買い手企業からの確かな評価は得られません。

一般的な会社は、単年度の事業計画と3年から5年の中期計画の2種類を策定しましょう。多額の設備投資が必要となる製造業や、足の長いビジネスを強いられるプラント事業などは、単年度の計画と5年から10年の中長期計画を策定するのが適切です。

ここで言う事業計画は、ベンチャー企業が事業の魅力を説明して資金調達を目論むものとは異なります。何十ページにもわたる壮大な計画書を書く必要はありません。経営戦略のポイント、それを実現させるためのヒト、モノ、カネに関する計画を記述し、その結果として計画される**損益計算書で十分**です。

貸借対照表、キャッシュフロー計算書があるとさらに望ましいですが、実態としてはそこまでは求められません。**買い手企業が見たいのは、売り手企業の事業の収益が持続的に実現できるかという点です。**言い換えれば、買い手企業が良い条件を提示するのは、合理的に説明できる事業計画がある場合だけということです。

財務面に関する磨き上げポイント②
資本効率を上げる（貸借対照表の改善）

貸借対照表が不必要に**「縦に長くなっている」**と買い手は嫌がります。

買い手企業は投資金額の回収期間を検討したり、売り手企業が自社の傘下に入ったりした場合、営業利益率や株主資本利益率などが自社の指標を悪化させないか慎重に検討します。そのため、事業に無関係な資産が多額に含まれている会社、つまり**貸借対照表の項目が多い会社の**

買収を嫌がる傾向があります。

事業に必要のない資産や遊休資産はできるだけ処分し、有利子負債の返済に充当したり、損金計上して節税効果を享受したりしながら、より筋肉質の貸借対照表にすることを目指しましょう。過剰な手元資金がある場合も、**有利子負債の返済を検討**してください。

✓本来の企業価値からマイナスされないために

多額の内部留保がある場合は、税務面での不利益がないようであれば、**配当の払い出し**を検討したり、場合によっては**会社分割**を検討したりしたほうがいい場合もあります。

会社分割の一例としては、資産管理会社とオペレーション会社に分割する方法があります。極端な例ですが、営業利益を1億円しか上げていない会社の内部留保が100億円あって、そのほとんどが事業用不動産だった場合、会社の価値としては100億円を大きく下回る価値となるでしょう。創業時期が古い中小企業で、以前から保有する不動産が価値を高め、**事業規模のわりに資産規模が大きくなる**ケースは少なくありません。

買い手企業から見れば、この会社に100億円の価値はつけられません。

1億円しか営業利益が出ない会社に100億円を支払って買収しても、資産効率が悪く、不動産の価格下落リスクを内包してしまうからです。その場合、不動産の時価から、買い手企業が移転コストや不動産の価格変動リスクを独自に見積もって引き算したうえで評価額を算定します。このようなケースでは、**買い手はリスクやコストを過大に評価して本来の企業価値からマイナスする傾向があります。**

売り手企業にとって、時価100億円の不動産を有する黒字企業を、100億円以下で売却するのは損になります。そこで、100億円の不動産を保有する資産管理会社を分離し、適切な地代家賃を設定したうえで事業を営むオペレーション会社を売却するべきでしょう。買い手企業は事業に興味があるのであって、不動産で儲けたいと思っているわけではないからです。

資産効率を大きく悪化させる事業用資産や事業に関係のない非事業用資産は、可能な限り譲渡の対象から外すことができないか、現金化できないか検討してください。事業とは無関係のリスクをもとに評価され、本来の価値を減額されることを避けるためです。

これまで、中小企業のオーナーは自分の資産と会社の資産を混在させることに注意を払ってきませんでした。オーナー個人と会社の共有資産となっている事業用資産は、**できる限り会社の所有とし、非事業用資産はオーナー個人の所有に整理する**ように努めましょう。

日本では、年度末の3月に決算期を設定している会社が大多数です。決算期が迫ると駆け込み需要や押し売りのような行為が横行し、**実態とはかけ離れて資産も負債も大きくなる傾向があります。**

3月決算で貸借対照表が膨らんでしまうようであれば、**取引上問題がなければ決算期の変更も検討に値します。**貸借対照表が膨らみ、総資産に対する利益率や運転資本が変化すると、金融機関の融資審査にも影響する場合があります。それだけでなく、企業価値評価に変化を生じさせることもあるのです。

✓不採算事業の見直し、不良資産や遊休資産の処理はとても重要

磨き上げにおいて、財務面でもっとも影響があるのは**不採算事業の見直し**です。

オーナーの肝いりで継続している不採算事業は、オーナー自身が会社にとってマイナスだとわかっているはずです。ただ、いつか芽が出るはずだと思ってズルズル続けてきたものを、オーナー自ら手じまいするのはなかなか難しい。従業員はもちろん、取引先も巻き込んで始めた以上、引くに引けないからです。

こうした不採算事業からの撤退を、従業員がオーナーに迫るのは難しいと思います。磨き上げの段階ではM&Aの助言会社を巻き込んでいるはずなので、第三者としての彼らに進言して

もらって対処するのが効果的です。

いますぐやめられなかったとしても、買い手企業に切り捨ててもらえばいい。それを買い手企業に明言できるかどうかがポイントです。

不採算事業による損失の垂れ流しは、そのマイナスが何倍にも掛け算されて評価を下げてしまいます。不採算事業に関わる人材を他の収益部門の強化に転用し、収益事業の成長を描くことができればベストです。

早めに道筋をつけられず、買収後に買い手企業の独断で処理が検討される状況であれば、部門が閉鎖されて関わっていた社員の雇用が危ぶまれる可能性も出てきます。改善の見通しが立たない不採算事業は、廃止を含めて思い切った見直しを図るようにしてください。不採算取引の見直しも同様です。

不良資産や遊休資産の処理は、できるだけ早めにやったほうがいいでしょう。付き合いで買わされたゴルフ会員権や、行ったこともないリゾート地にあるコンドミニアムなどは、可及的速やかに売却処理を検討してください。

回収不能な売掛金、商品価値の乏しい在庫、修繕不能な機械設備などの不良資産は、売買が成立する前に売り手企業サイドで処理するのが望ましい。買い手企業としても、M&Aがやりやすくなります。とくに上場企業は、売り手企業を取り込んだ後に損を出すことを嫌がります。

財務面に関する磨き上げポイント③
キャッシュフローを改善する

資金回収の早期化にはできる限り努力しましょう。

3か月サイトの支払い条件を2か月に短縮したり、前金を受け取るようにしたりするなど、可能な限り短くする方向で調整してください。資金回収サイトを短くすることは、回収リスクが軽減される効果に加え、**買い手企業が買収価格を計算するときに有利に作用することもあります**。これは、売り手企業が「ディスカウント・キャッシュフロー（DCF）法」で評価される場合には非常に有効です。

反対に、取引先に前金や保証金を要求されたり、買掛金の支払いサイトより売掛金の回収サイトのほうが長くなっていたりする場合は、できる限り運転資金の調達を最小化できるように検討してください。

将来事業規模が大きくなったとき、支払いサイトのギャップを埋めるため、多額の運転資金に苦労することを避けるためです。

取引先がすべての相手先に同じ条件を出しているのであれば、交渉の余地はほとんどありません。しかし、売り手企業に対してだけそのような取引条件になっているとしたら、**交渉によって変更する余地は十分にあります。**

磨き上げの段階で重要なのは、なぜ現在のような支払いサイトになったのか、前金を積まなければならなくなったのか、**その経緯を明らかにすることです。それだけでも、買い手企業にとっては有益な情報になります。**

さらに、中小企業は金融機関との付き合いで現金や預貯金が複数の金融機関や複数の支店に分散化する傾向もあります。**現金の集中管理を進めると、有利子負債の低減にもつながります。**


とはいえ、キャッシュフローの改善は簡単ではありません。

大手の取引先や金融機関、長年持ちつ持たれつの関係を続けてきた親密企業に対し、これまでの慣行を変えてほしいと要求するのは勇気がいるからです。付き合いの状況を慎重に考慮し、できる範囲で取り組む努力をしましょう。

米国のファイナンス理論で、よく使われる言い回しがあります。

"Cash is King."（現金は多大な力を持つ）

キャッシュフローの改善は、回収リスクを改善するだけでなく、企業価値の向上にもつながるため、可能な限りの努力をすることをおすすめします。

より高く売れる会社にするための「磨き上げ」実務編

より高く売れる会社にするための2つ目のポイントは、**実務**と**心得**に関する点です。

磨き上げのポイント①
自社の「エッジ」を立てる

M&Aに限りませんが、ニッチ分野でも小さなカテゴリーでも狭い地域でも、何らかの分野でトップになることは、会社の価値を高めることにつながります。

「〇〇だったら、あの会社」

そんな評価が定着し、市場をリードできるようになれば、価格への影響力も高まります。他の商品やサービスへの広がりもスムーズになり、会社の価値が高まる循環に入っていきます。

この「○○だったら、あの会社」という評判は、会社にブランド価値をもたらします。M&Aの局面でも買い手企業からの人気は高まり、需要が増すことによって価格が高騰し、**より有利な売却ができる**と思います。

「食品のトレーサビリティなら、あの会社」「沖縄で格安レンタカーといえば」「トランクルームといえば」「ハラスメント教育だったら」こんな評判が生まれていれば文句なしです。しかし、そこまで必要ありません。「香川で、日本一日持ちのしない和菓子屋」「横浜で、元エンジニア主婦数千人とネットワークできているIT会社」「60代女性の肌をもっとも研究し尽くした会社」「あらゆる色を正確に印刷できる会社」こんな風に、**自社の特徴について、事業の本質や広がりを想像できる表現ができれば十分**です。

まずは、自分の会社に**「○○だったら、あの会社」とい**

実務面での「磨き上げ」ポイント

1 自社の「エッジ」を立てる

「○○だったら、あの会社」という価値があるか
「こんな会社にアプローチできている」
「お金になっていないけれどこんなノウハウがある」

2 見えざる価値を「見える化」「使える化」

販売情報、顧客情報などをデータ化
標準業務についてのマニュアルを作っておく
見える化した価値を「使える化」しておく

う価値があるかどうかを探してください。当たり前だと思って見過ごされている部分に、その芽が隠れている可能性もあります。「○○」という形容詞がつくものがあるか、一言で会社や事業を表現できる言葉があるか。丁寧に会社を分析し、どんなに小さくてもいいので強みを探し出してください。

強みを見つけられたら、集中して磨き上げます。少しでも大きなインパクトを与えられるように際立たせ、事業計画や経営計画に盛り込みます。

その価値が圧倒的な強みになっていなくても構いません。

既存の事業や製品でエッジがきいていれば望ましいですが、伸びかけの新事業や新商品、新サービスがあれば恐れずに注力し、売上や粗利益を成長軌道に乗せるようトライしてみてください。小さな芽を売上数十万円のビジネスにしたレベルでも構いません。新しい価値を作り上げた事例をアピールしてください。仮に失敗したとしても、積極的に新規事業に取り組む姿勢は評価されます。

この磨き上げは、思いついてすぐに効果があがるような簡単なものではありません。できるだけ早く着手する必要があります。

「ウチみたいな小さな会社に、そんなものないよ」

自信がなさそうにそう語る社長にお目にかかることがあります。グーグルやアップルのように世界を圧倒する強みはないかもしれません。しかし、多くの会社が事業継続に失敗するなか、生き残ってきたのには理由があるはずです。その理由を考えるところから始めてください。気づかずに埋没している強みは、意外とあるものです。

こんな会社にアプローチできている、お金になっていないけれどこんなノウハウがある。そういうレベルでもいいのです。自社を一言で表現できるものがないか考えてみてください。

磨き上げのポイント②
見えざる価値を「見える化」「使える化」

会社の価値は、財務諸表に数字として記載される価値ばかりではありません。**顧客・取引先・研究開発**などの分野で、可視化されていない価値を発掘しましょう。その価値が具体的にどのように利用できるか、新たな可能性を示しながら伝えられるよう情報やデータを整理して「見える化」してください。

特に顧客、取引先は価値の宝庫です。一般消費者の顧客に対しては、個人情報を保有していれば、顧客の属性（居住地域、年齢、性別、職業、家族構成、年収、趣味等）分析や、属性に応じた購入傾向やリピート率を行います。ある属性の顧客が相当な規模で存在していたり、商品リピート率が圧倒的に高かったりといった特徴を見出すことができれば、買い手企業にとってはシナジー発掘への手掛かりが一気に進む可能性が出てきます。

また、取引先においても、大手企業との直接の取引口座が開かれている、信用力の高い企業との一定の取引が5年以上にわたって継続している、信用力の高い企業や成長企業との取引において毎年30％以上の売上拡大が実現している商品がある、あるいは、気難しいオーナーや希少品であるために仕入れにくくなっている商品や材料を長年の付き合いで確保できているなども貴重な情報です。仕入先の情報においては、仕入れ条件も整理しておくと有益です。買い手企業が自社の購買力との相乗効果で、仕入れ単価の改善を検討することに有益です。とにかく、顧客や取引先においては、丹念に取引情報を整理することが重要となります。

特許、ノウハウは、現時点では事業として実現できていなくても構いません。さまざまな事業化の可能性が期待できることを、積極的に伝えてください。**販売情報、顧客情報などをデータ化**し、さまざまな角度から分析できるよう整備してください。データ化されていれば、買い手が利用価値を見出しやすくなり、評価される可能性が高まります。

標準業務についてのマニュアルを作っておくことも大切な磨き上げです。マニュアルが整備されていることで、組織的な会社運営ができていて、不正が起こりにくい仕組みになっていることのアピールにつながります。

マニュアルがないと、営業や管理業務が属人的な能力に依存していると判断されて、リスクと評価される可能性が高まります。上場を目指す会社のように詳細なマニュアルを整備する必要はありませんが、役職別の職掌、出納・発注のダブルチェック化など、顧客の発注から入金まで、一連の流れがわかりやすくなっていると買い手企業としても安心感が増します。

価値の「見える化」と同様に重要なのが、**見える化した価値を「使える化」しておくこと**です。

価値は、使うことで初めて有効になります。価値として認識できても、それを買い手が使えるようになっていないと、無意味になってしまいます。

第2章で事例③としてご紹介した、**富裕層の個人情報を利用できるように許諾を取ること**や、第3章の「小さくても高く売れるポイント⑤」において、**他社の受託開発で開発した技術・ノウハウを異業種の第三者に転用できるように許諾を取っておくこと**などがこれに当たります。

より高く売るために気をつけたい3つのプロセス

会社を一生懸命磨き上げたのに、売却プロセスを間違えたことで、安く買い叩かれてしまうこともあります。

せっかくの「磨き上げ」を無駄にしないためにも、あなたの会社の価値をより高く評価してくれる買い手と出会いたいものです。

そのために、ぜひとも検討していただきたい3つのプロセスがあります。

より高く売るためのプロセス①コンペをする

M&Aの売却プロセスには**「相対《あいたい》形式」**と**「入札形式」**があります。

基本的に、相対形式は買い手企業と1対1の関係で交渉し、双方の希望条件を満たせば合意に至ります。合意に至らなかった場合には、次の買い手企業との交渉に移ります。一方、入札形式は複数の買い手企業といっせいに交渉し、もっとも条件のいい買い手との間で合意が形成されます。

相対形式では他の買い手の条件を知らないまま売却が成立してしまう可能性が高く、より条件の良いM&Aにはなりにくいのが難しいところです。

「本格的に興味を持つ相手が1社しかなかった」

「重要な取引先で、その相手でないと会社の価値が大幅に毀損してしまう」

このような場合は仕方がありません。しかし、それ以外の場合では最初に興味を持ってくれた相手が最良な条件を提示するとは限りません。

買い手企業が相対形式で独占交渉を求めてくることはありますが、他の複数の候補先とコンタクトする前に応じることは、決して得策ではありません。

より高く売るための3つのプロセス

1 コンペをする
入札形式で複数の会社に声をかけ、複数の会社に自社の価値を問うてみることが重要

2 最良の相手を選ぶ
同業に限らず、候補先となりそうな会社の事業戦略を幅広く理解する

3 タイミングを計る
自社の属する業界の株式市場の動向は常に意識

入札形式で複数の会社に声をかけ、複数の会社に自社の価値を問うてみることが重要です。思わぬ価値を相手方が見つけ出してくれることもあるのです。

より高く売るためのプロセス②
最良の相手を選ぶ

M&Aにおける売買価格は、買い手企業と売り手企業の需要と供給によって決まります。人気のある会社は高額になり、人気のない会社は低額になる傾向にあります。場合によっては、売買がまとまらない可能性もあります。

買い手企業が買収価格を評価する場合、売り手企業単体の価値にM&A成立後に得られるシナジー価値を加算したものを上限価格と考えます。それ以上の条件の提示は、無謀だとしてのちに経営責任を問われかねません。

上限に近い価格を提示するのは、売り手企業の人気の度合いに影響されます。人気は知名度や事業実績に影響されますが、先ほどお話しした**エッジのきいた会社**という視点も大切になってきます。

シナジー価値は、買い手企業それぞれで大きく異なります。

ある買い手企業にとってはシナジー価値がまったく考えられなくても、別の買い手企業にとっては**シナジー価値が数億円にのぼる場合も少なくありません。**

では、シナジー価値を高く評価する会社に巡り合うには、どうしたらよいのでしょうか。世の中のすべての会社に売り手企業の価値を問うことはできません。仮に問うことができたとしても、売り手企業の強みを表現できていないと、多角的な評価は受けにくくなります。ポイントは2点あります。

①しっかりと磨き上げを行うこと

②同業に限らず、候補先となりそうな会社の事業戦略を幅広く理解すること

これらは本来、M&Aの専門家の仕事です。しかし、売り手企業としても業績を伸ばすために各部署で事業提携先を検討しているはずです。最良の相手から最善の条件を獲得するため、あらゆる経営情報を見直し、M&A専門家と討議するプロセスを踏むことが重要です。

より高く売るためのプロセス③

タイミングを計る

M&Aは、**会社を売却しようと思ったときがベストのタイミングとは限りません。株式市場の動向は必ず見てください。**株価が高い水準で安定している時期、上昇局面にある時期は、より高額で売却できるチャンスです。反対に、低い水準にある時期、下降局面にある時期は低くなりがちです。

全体の水準が高くても低くても、自社の属する**業界の株式市場の動向は常に意識**してください。全体の水準が高く上昇局面にあり、かつ同業の上場企業の株価が高い時期はより高い価格で売却できる可能性が高まります。

金融機関の融資に対する姿勢も、タイミングを計るうえでは重要な要因です。**資金が潤沢にあるときは、より高額で売れる可能性が高まります。**

本来、売り手企業の価値は、その会社の事業の見通しや財務の状況によって決まるものです。株式市場の動向や金融機関から市場に供給される資金量によって大きく左右されるものではないはずです。

しかし、影響は少なくありません。金融市場に資金が潤沢にある場合は、買収資金が調達しやすくなります。株式市場が好調なときには、景気の見通しも強気になり、**投資意欲が高くなる**傾向があります。企業価値の評価でも、類似する上場企業の株価を参照するため、実務的にも影響は出てきます。

実際、2008年のリーマンショックの後には、M&Aは低迷しました。売り手企業の価値評価も、2019年と比較すると低い水準でした。自社のタイミングだけで売却を図らず、市場環境も考慮してください。売却をあせるあまり、たたき売りのように価格を無視する売り方はできる限り避けてほしいのです。

そうするには、M&Aに十分な期間をかけることが重要です。磨き上げを行い市場環境に左右されない独自の強みを際立たせるための準備期間も大切です。

余裕のあるM&Aにするには、できるだけ早くから準備に取り組み、適切なタイミングで交渉に入れるようにしましょう。**少なくとも1年間**は余裕を持ってほしいと思います。理想を言えば、磨き上げに十分な時間をかける意味でも**2年の余裕を持って臨みたい**ものです。

その意味でも、本格的にM&Aを検討していない会社でも磨き上げを実行しておくことをおすすめします。万が一急に売却しなければならなくなったときでも、磨き上げに取り組んでおけば自社の強みと価値が明確になっているため、余裕を持って買い手企業との交渉に臨めます。

会社を売却するしないにかかわらず、**磨き上げは会社が社会の中で生き続けるために必要な価値を高めることにつながる**のです。

だれがどのように磨き上げを担えばいいのか

磨き上げを実際に行うには、売り手企業の社内関係者に加え、**外部の専門家に協力を依頼するる**のが一般的です。

社内関係者は、M&Aを検討していることが社内外に広まらないように、**経営者と管理担当部署の一部に限定**します。外部の専門家は、調査において必要とされる専門性によって、**弁護士、公認会計士、税理士、弁理士、司法書士、行政書士、経営コンサルタント、M&Aアドバイザー**などを必要に応じて依頼します。

ただし、多くの場合、自ら磨き上げの課題を発掘することは容易ではありません。何が必要となる専門性かという点において、入口診断を行う問診医的な役割や適切な専門家をアレンジする能力（たとえば、弁護士と一口にいっても解決すべき課題への専門性や経験の有無は各人各様であるため）を提供する立場として、これらの経験が豊富なＭ＆Ａアドバイザーが起用されています。言い換えれば、**鵜飼の鵜匠となって、Ｍ＆Ａアドバイザーが磨き上げに対して機能することが一般的**です。同時に、Ｍ＆Ａアドバイザーは、自らが担当し治癒の実行ができることは自身で磨き上げを行います。

最後に、外部の専門家に任せるほうが効果的な事項と、社内の担当者がやるべき事項を整理しておきます。

①外部の専門家に協力を依頼するべきこと

ア．株主に関する事項（↓Ｍ＆Ａアドバイザー、弁護士）

□Ｍ＆Ａに向けた株主への事前説明、および理解の促進
□Ｍ＆Ａへの議決権集約に向けた株主間契約の締結、および株式の集約

「磨き上げ」におけるチーム体制

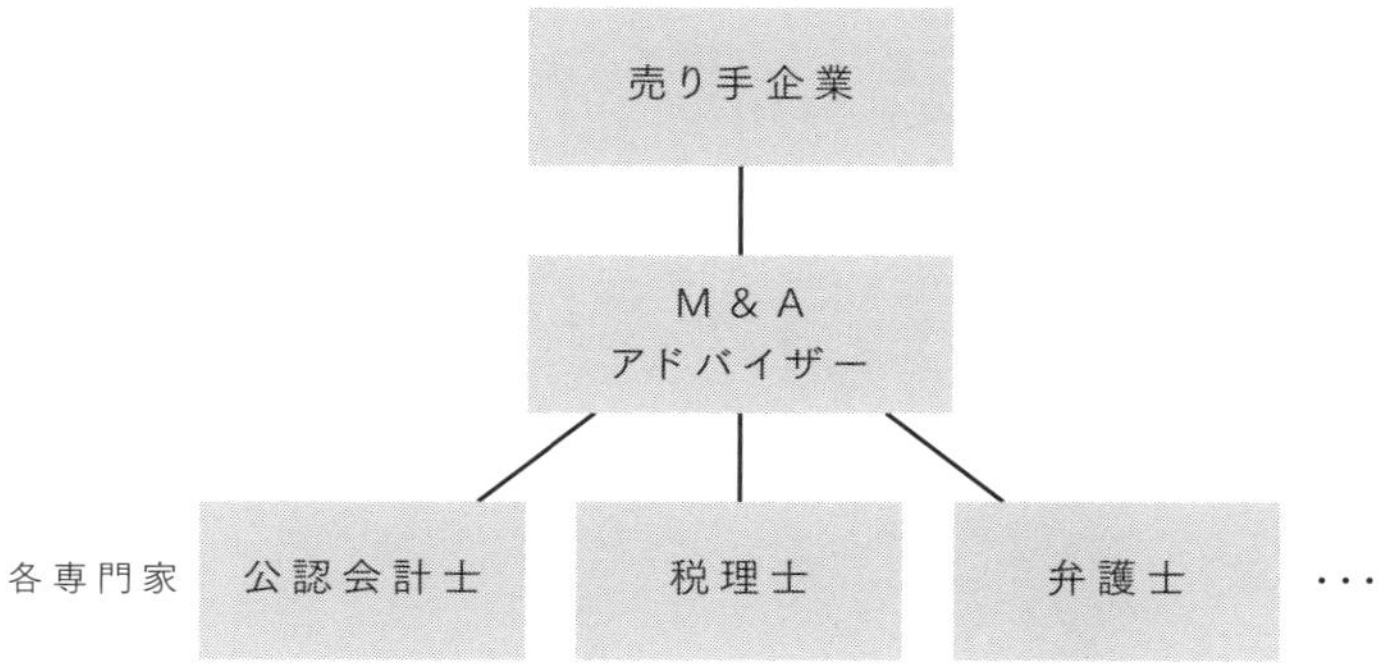

イ．法務に関する事項（↓弁護士、弁理士、司法書士、行政書士、M&Aアドバイザー）

□株式の適法性の確認と対応策の策定

□会社の基本的事項（決議や登記手続き、諸規則・規程の整備、許認可の届出等）の有効性の確認と対応策の策定

□取引契約の整備状況、およびM&Aに影響する特殊事項の確認と対応策の策定

□重要な事業用資産（土地、建物、設備等の有形資産、および知的財産権、技術・ノウハウ等の無形資産）の権利の確認と対応策の策定

□コンプライアンス状況（各種法令遵守状況、内部統制状況、反社会的勢力とのつながりの有無）の確認と対応策の策定

ウ．財務に関する事項（↓公認会計士、税理士、M&Aアドバイザー）

□会計・税務処理の適正性確認と対応策の策定

□簿外債務（引当未計上の退職金、未払い残業代等）や偶発債務（訴訟等）の有無の確認と対応策の策定

□不適切取引（循環取引等）や不利益取引（不当な値引き、過大仕入れ、不適当な経費の支出等）の有無の確認と対応策の策定

□不要資産、遊休資産、および不良資産の有無の確認と対応策の策定

□財務構造（負債の圧縮、利益剰余金の払い出し、資産管理会社と運営会社への分割等）の改善点の確認と対応策の策定

エ．組織・人事・労務に関する事項（↓弁護士、社会保険労務士、人事コンサルタント、M&Aアドバイザー）

□組織および役職の職務権限内容、稟議・合議プロセスの状況確認と対応策の策定

□労務環境（勤怠実態、職場環境等）の状況確認と対応策の策定

□幹部候補生や管理職の育成、人事評価や人材採用状況の確認と改善策の策定

オ．事業に関する事項（↓経営コンサルタント、M&Aアドバイザー）

□不採算の事業、製品・サービス、および事業所の調査と対応策の策定

□事業計画の作成状況の確認と策定支援

カ．経営管理に関する事項（↓公認会計士、経営コンサルタント、M&Aアドバイザー）

□経営管理状況の確認と高度化支援（月次での損益ならびに経営指標管理の体制構築、不正防止への内部統制体制の整備）

□見えざる価値（魅力的な取引先属性、販売網の強さ、研究開発の厚み等の対象事業の隠れた強み）の見える化支援

②社内の担当者がやるべきこと

社内の担当者がやるべきことは、外部の専門家へ協力を求める事項について、調査で必要となる社内外に分散している情報や事実をできる限り集め、整備することです。とくに磨き上げの効率化や経営管理の高度化につながり、会社の価値を高めることにつながる作業として、以下の事項が挙げられます。

□ア．株主総会や取締役会、重要な経営会議の議事録の整備

□イ．重要な契約書や社内諸規則・規程の一覧整理や手続き促進

顧客や仕入先との取引が口頭で済まされている場合でも、最低限、基本的な取引事項については契約書を交わしておくこと。書面がないと、取引の継続性にリスクがあると見なされます。

□ウ．社員の出退勤時間を把握する仕組みの構築

過剰な残業の有無、未払い残業代の有無など残業管理から、職場環境における有害物質の有無や各種ハラスメントの有無、従業員の心身の健康状態への配慮

□エ．月次試算表の早期作成体制の整備、および予実管理体制の運営

□オ．事業セグメントや製品・サービスごとの収益データの整備

複数の事業部門があれば、**事業セグメントごとに売上、粗利益、営業利益のデータを準備**し

磨き上げの担当者がやるべきこと

1 外部の専門家に協力を依頼するべきこと

・株主に関する事項
（→M＆Aアドバイザー、弁護士）
・法務に関する事項
（→弁護士、弁理士、司法書士、行政書士、M＆Aアドバイザー）
・財務に関する事項
（→公認会計士、税理士、M＆Aアドバイザー）
・組織・人事・労務に関する事項
（→弁護士、社会保険労務士、人事コンサルタント、
M＆Aアドバイザー）
・事業に関する事項
（→経営コンサルタント、M＆Aアドバイザー）
・経営管理に関する事項
（→公認会計士、経営コンサルタント、M＆Aアドバイザー）

2 社内の担当者がやるべきこと

・株主総会や取締役会、重要な経営会議の議事録の整備
・重要な契約書や社内諸規則・規程の一覧整理や手続き促進
・社員の出退勤時間を把握する仕組みの構築
・月次試算表の早期作成体制の整備、および予実管理体制の運営
・事業セグメントや製品・サービスごとの収益データの整備
・顧客や仕入先の情報や取引情報の整理
・事業計画の策定

ておきたいところです。買い手企業は自社の各部門との事業連携を検討するので、セグメントごとの事業データがないと、シナジー価値を検討する材料がないことになります。同様に、製品、サービスごとの売上、粗利益、営業利益のデータも必要です。

□カ．顧客や仕入先の情報・取引情報の整理

顧客や仕入先との取引について、取引条件、取引状況は種別ごとに数量、金額、単価などの月次推移をデータ化しておきたいところです。見込み顧客の情報、取引が終了した顧客、休眠顧客の情報があればなおいい。顧客が消費者の場合は、属性ごとのデータ集計が思わぬ価値を生むことがあります。顧客、仕入れデータは事業計画の妥当性を判断する要素となるほか、対象事業の思わぬ価値の発見につながる可能性が高いため、もっとも大切な要素です。ただし、この段階でどこまでのデータを開示するかは、判断が必要となります。

□キ．事業計画の策定

単年度、および中長期計画を骨太な内容で示したいところです。売り手企業から事業計画の提示がないと、買い手企業は過去の実績の平均値で検討するか、リスクを考慮しもっとも業績が落ち込んだ収益水準で検討するので、売り手企業にとっては不利になります。買い手企業が理解しやすく、かつ地に足のついた事業計画を策定、提示すべきです。

発見された問題点への対応策を実行するのは、多くの場合、**社内の担当者**です。情報の整備は対応策の実行にも効果が高く、経営環境の効率的な整備にも寄与するので、できる限り詰めておくべきです。

第4章 まとめ

- M＆Aは最低でも半年から1年はかかる
- 「磨き上げ」をやらないとM＆Aが破談になることも
- M＆Aの阻害要因となる問題を洗い出す
- 財務的な「磨き上げ」を行う
①損益を改善する ②資本効率を上げる（貸借対照表の改善）
③キャッシュフローを改善する
- 「磨き上げ」をするときには①自社の「エッジ」を立てる
②見えざる価値を「見える化」「使える化」する
- より高く売るための3つのプロセス
コンペをする→最良の相手を選ぶ→タイミングを計る
- 「磨き上げ」後は、自らの問題点を把握して解決する

第 5 章

チャンスは一度しかない！失敗しないM＆Aのロードマップ

M&Aのロードマップとは

会社を第三者に売却するM&Aを検討するにあたっては、大きく分けて次のようなポイントがあります。

- 決意
- 準備
- 相手先へのアプローチ・交渉
- 詳細調査
- 最終合意・クロージング

後継者問題、自主独立では将来が描きにくい、株主が現金を手にしたいなど、さまざまな事情から第三者への売却の検討が始まります。後のプロセスで障害が生じたり、後悔したりすることがないように、重要なポイントを確認し、決意します。

M＆Aのロードマップ

第1段階　M&Aを決意する

↓

第2段階　磨き上げを行う

↓

第3段階　売却条件を整理する

↓

第4段階　複数の買い手企業に声かけをする

↓

第5段階　1社に絞る

↓

第6段階　デューデリジェンスに対応する

↓

第7段階　握手する

↓

第8段階　クロージング(実行する)

決意したら、相手にアプローチするための準備を始めます。磨き上げを行い、売り手企業としての希望条件を整理しておきます。

その後、いよいよ買い手企業となる相手先へのアプローチを行い、交渉を始めます。有力な候補先に絞った相手先からの詳細調査を受ける一方、こちらも相手先が適切なパートナーであるかについて確認します。

そして、お互いに合意に至れば、最終的な契約を締結し、M＆Aが成立します。

第1段階

M&Aを決意する

会社の売却を考えるに至る理由は本当にさまざまです。

- オーナー社長が高齢で、親族や社内に後継者がいない
- オーナー社長が急な病となったが、親族や社内に後継者がいない
- 息子（娘）への承継を進めてきたが、適格性が認められず、第三者に経営を委ねるしかない
- 競争激化で独立企業としての将来が描けない
- 資金繰りに窮し、支配権の異動を伴う第三者割当増資の必要性がある
- より事業を成長させるために、他社と組んで大きな未来を見たい
- 創業オーナー社長として、キャピタルゲインを実現したい
- 銀行の要請で、自主独立のままでは融資が維持されない

共通しているのは、それ以前の会社の関係者であるステークホルダーだけでは、抱えている問題の解決が難しいということです。そのため、会社の重要な意思決定ができる立場の交替を意味する支配権の異動が伴う会社売却、いわゆるM&Aによって問題を解決し、事業の継続を目指すことになります。

✓M&Aへの突入を決意する人はだれか

改めて考えなければならないのが**「M&Aへの突入を決意する人がだれか」**という点です。会社の売却は株式譲渡契約が中心のため、**決意すべき人は株主です。**

しかし、それは簡単ではありません。

株主が分散している場合、決意の段階ですべての株主に意向を聞くことはできません。経営陣と株主の間に意思疎通ができていなければ、株主だけで意思決定しても経営陣が非協力的となり、問題が生じかねません。

会社の変調を実感するのは、経営を執行する社長や経営陣です。**株主と経営陣に距離があると、適切な意思決定のタイミングを逃すことも**あります。M&Aのプロセスを進めるには経営陣の協力が必須です。株主と経営陣との間で対立が生じると、破談になることさえあります。

そうなることを避けるため、株主と経営陣の意思疎通は重要です。M&Aを決意するにあたっても、株主の独断専行とならないように留意すべきです。最良なM&Aプロセスを遂行するためにも「M&Aへの突入を決意する人がだれか」を明確にしておきましょう。

多くの場合、中小企業は所有と経営がほぼ一致しています。過半数以上の株式を所有する人が代表取締役社長に就任し、経営を執行している場合です。このような立場の株主を**「経営株主」**と呼びます。経営株主がいる場合には、決意する人は経営株主だけで完結します。このケースがもっともシンプルで、M&Aプロセスに突入した後も波乱が起こることはごく稀です。

ところが、**経営株主が存在しない場合、交通整理が必要**となります。

さまざまな理由で株主や経営陣からM&Aの検討が提起されますが、M&Aへ突入するかどうかを決意するには**「株主のとりまとめ」**と**「経営のとりまとめ」**が必要です。経営株主が不在の場合、それぞれの思惑を見通せる関係者が不可欠です。

M&Aで買い手企業は、少なくとも役員選任の権利を持てる過半数の株式取得を望みます。可能であれば、合併など重要な決議が可能となる3分の2以上の株式を取得することを求めるはずです。

したがって「株主のとりまとめ」では、**少なくとも過半数、可能であれば3分の2以上をま**

とめられる人物が決意に関与すべきです。自ら最大の議決権を有する筆頭株主がこの役割を担うことが多いでしょう。

一方の「経営のとりまとめ」も重要です。会社の経営、事業の状態についてもっとも理解しているのは、現時点で経営を担う**社長**です。M&Aの決意も会社の詳細な状況や今後の見通しを理解せずに正しい決断はできません。

M&Aの成立後も、買い手企業は現場の経営陣の協力なくして事業の継続はままならないと判断します。経営陣の協力は不可欠と言っても過言ではありません。したがって、**経営陣にも当初の決意から関与してもらうべき**でしょう。

株主と経営が分離している場合、それぞれの利害や思いが一致するとは限りません。意見が衝突し大きな紛争になることもあるので、日ごろからコミュニケーションを円滑にしておくことが重要です。

✓会社の事業に将来性はあるか

事業承継で**自社の事業の継続性や将来性を判断する**ことは、もっとも重要な事項です。事業に継続性や将来性があると判断できれば、後継者の問題を整理し、M&Aを含めた事業承継を検討することになります。しかし、事業の将来が厳しく、自社単独での継続が困難な場合には、M＆Aの検討が必須となります。

たとえば蛍光灯のように明らかな衰退市場、規制の変化で市場が消滅する市場、環境問題で社会的な風当たりが強い市場で事業を営む場合、中長期的な未来像は描きにくいものです。このような場合には、事業の継続を前提に事業承継をすることは困難で、事業の整理を検討することが先決です。

市場が消滅する事業の場合は、一刻も早く事業からの撤退方法を策定し、**事業に関わる従業員や各種設備などの資産が、他の将来性のある事業に転用できるか**どうかを検討しなければなりません。転用の可能性がある場合、それを自社単独で行うか他社との連携で行うかによって、事業承継の方向性が決まります。

他社に承継できない技術を持った特定の高齢社員に依存していたり、代替不能な資産や設備が継続して使用できない状況に陥ったりしている場合は、当該事業の継続について早期に見直す必要があるでしょう。

いずれにせよ、事業がそのままの状態では継続できない場合には、事業承継やM＆Aを検討する前に、**事業方針の意思決定が先決**となります。

一方、市場は消滅しなくても減衰傾向が予測されたり、競争激化が明らかなために将来性に不安があったりする場合はどうでしょう。改めて自社の業界での位置づけを確認する必要があります。**売上と粗利益、営業利益の経年推移をできる限り長い期間並べてみてください。**

大手の参入や原材料の高騰などで、売上や粗利益の減少傾向に歯止めがかからないと、営業利益は赤字になり、大幅なリストラや経費節減による販売費、管理費の削減を行っても、利益体質への転換は容易ではありません。このような場合は他社との連携で仕入れコストの低減や店舗の統廃合に頼らざるを得ず、自社単独での解決は困難となります。

自社単独での改善は困難、将来の展望も厳しい場合には、M&Aを仕掛けたほうがいいと思います。たとえ会社に後継者がいても、事業を承継した後継者が苦しい思いをするだけなので、相手がいれば他社との連携を考えたほうがいいでしょう。M&Aを決意するにあたっては、**事業の将来性を見つめ直す作業が必須**です。

✓後継者はいるか

身内に後継者がいるかどうかも、M&Aを決意するポイントです。

株主や経営者の子ども、孫、親族が最初の候補となるでしょう。**対象者本人に事業を承継す**

る意思があるかどうかを確認してください。そのうえで、引き継ぐ意思のある人が**後継者として適任か**どうかもしっかりと判断してください。

身内や親族に後継者がいなかった場合、次に考えるのは役員や従業員です。これはManagement Buy-Out（MBO）やEmployee Buy-Out（EBO）と呼ばれる形態です。経営能力のありそうな役員や従業員がいれば、会社経営を引き継ぐ意思があるかどうかそれとなく確認します。

あまりに単刀直入すぎても、無造作すぎても、打診された役員や従業員に「会社がつぶれるのか」と思われかねないので、**雑談の中から「経営陣に入りたいかどうか」という形でヒアリングするのがスムーズ**かもしれません。

中小企業の経営者は、金融機関からの借入に個人保証を求められるケースがいまだにあります。役員や従業員に会社を引き継ぐ意思があっても、個人保証がネックになって引き受けられないケースもあります。

しかし、最近は経営の執行に携わる社長の**個人保証を回避するさまざまな仕組み**が出てきています。会社を資産管理会社と事業運営会社に分割します。事業運営会社は事業に必要な借入を継続し、新社長のもとで事業運営を開始します。軌道に乗るまでの一定期間は、資産管理会社の保証か資産管理会社の代表となった前社長の保証をそのまま残します。これを使えば、新社長の連帯保証は必ずしも必要ありません。

従業員が事業を承継しやすい環境を整える取り組みが進んでいるので、借入金の個人保証にそれほど恐れる必要はなくなりつつあります。その意味では、本人の意思確認がもっとも重要なハードルになると言っていいでしょう。

ただし、経営能力がない人間に無理やり承継させても、会社が不幸になるだけです。身内に後継者がいるときも、従業員から後継者を探すときも、当人に経営能力があるかどうかを見極めるのが重要です。

経営能力があるかを見極める方法はいくつかあります。

①物事を客観的にとらえられるか
②バランス感を持った判断ができるか
③リーダーシップがあるか

この3点が重要です。**情報の収集、判断、実行**といった基本的な行動プロセスが正しくできる素養の確認と言ってもいいでしょう。

まず、経営者は、主観が強すぎたり、自分に都合のよいことばかりに耳を傾けているようでは舵取りを誤ります。客観的に物事を見つめ、正しい情報収集ができるかどうか、この姿勢の有無を見極めます。

次に、集まった経営情報を正しく判断する力が重要となります。経営では、数学のようにだれが解いても答えが同じということはありません。同じ選択肢でも、組織が違えば、最適解は同一とは限りません。自社や取り巻く環境をバランスよく見渡し、合理的な判断を行う資質が大切です。

そして、判断を現場に落とし込み、組織を動かしてゆくためのリーダーシップも不可欠です。まだ、若く経験が浅い後継者候補については、情熱の持ち方や物事をやり通す力などが備わっているかを見極めます。

経営能力の見極めに加えて、**社内外に人望があるか**どうかも加味しなければなりません。ビジネスを行うのは人です。中小企業とはいえ、人望がない人に会社や事業を引っ張っていくことは不可能です。経営者に向いているか否かは、身内や社内だけでなく外部の複数の人に面談してもらって人間的な魅力があるかどうかを判断し、適任かどうかを検討します。

M&Aアドバイザーとしての経験としては、最終的には**「数字に強い」**かどうかに行きつきます。できる経営者は、自社のビジネスモデルを簡単な算数に置き換え理解しているものです。詳細な経営分析情報というわけではなく、たとえば、売上を倍増すれば原価率は3割下がる、販売拠点を倍増すれば利益は3倍になる、広告宣伝を倍増すれば売上も2倍になるとか。ざっくり単純な構図を肌感覚な算数で常に持っているものです。算数の組立が苦手な人、そもそも数字に興味がない人は適任ではありません。

✓会社経営で何を大切にしたいかを考える

後継者がいない。粗利益が下落し続けている。赤字から脱却できない。市場が縮小傾向で、このままでは先が見えない。このような場合は、売却を決断することが比較的容易です。**問題は、後継者がいて、事業もうまくいっているから、だれかにバトンを渡す必要などないと考えてしまう**ことです。

事業がうまくいっていても、さらに質の高い事業になるように経営陣をそのまま残して株主だけ交代する選択肢があります。株主には新しい相手と提携して事業を伸ばし、現在よりも高い価値をもらう選択肢もあります。大企業には、こうした「業界再編」の視点があります。しかし、中小企業にその視点がないことがM&Aを停滞させている要因の一つかもしれません。

私たちはある大手企業と、日用品の小売販売**業界の再編**を仕掛けています。

大手企業の目的は、自社製品の販路の拡大です。街の販売店は、ほとんどが小さな店舗です。しかし、儲かっているため、なかなか売却には応じません。小売りからオンライン販売に移行しつつあり、業界そのものは縮小しています。ただ、原価が低く高い粗利益率で吸収できるため、影響はそれほど大きくありません。

私たちは、売却してもらった後のことをこう説明します。

「経営はそのままで結構です。経営方針を変えようとしたり、経営者を交替したりする意思はありません。引き続き経営はお任せします。株式だけ譲っていただければ、大量購入で仕入価格を下げることができるので、売上が減少しても利益は向上し、従業員に還元できるはずです」

株式売却のメリットを論理的に説明しても、応じてもらえません。仕方なく大手企業は仕入価格の優位性を背景にそのエリアに進出します。規模の経済が効く業態なので、真っ向勝負をすれば街の小売店は資金力の差で赤字に転落します。こうなることを、中小企業の経営者には理解してもらえないのです。

M&Aは、将来発生するかもしれない見えない脅威を理解し、冷静かつ客観的な視点に立って判断しなければならないときもあります。それには「何を大事にするか」という視点が大きく関わってきます。株主として配当を手にすること、自分が雇われ社長として報酬をもらい続けることに主眼を置くか、事業を長期にわたって育むこと、従業員の雇用を守ることに主眼を置くかで、判断は変わってくるはずです。

後者の視点を持った人は会社の売却に応じる代わりに、従業員や商圏が守られるように買い手企業と交渉します。市場、競合関係、将来性をどのように理解し、決断するか。その判断が、今後の会社の命運を分ける気がします。

私がお伝えしたいのは、**M&Aが「会社（事業）との今生の別れ」ではない**ということです。自分の子どもを世間に送り出すようなもので、会社や事業を他人に売却することで、**さらに成長する姿を見守る**と考えていただきたいのです。売り手にとっては、この発想を持つことがM&Aを成功させる秘訣の一つだと思います。

✓株式の売却や事業の譲渡に大きな支障はないか

M&Aを決意するにあたって実務的に検討すべきは、**株式の売却や事業の譲渡に大きな支障がないかについての確認**です。

事業を遂行するうえで必要な許認可や免許が一代限りで失効する。取引先との契約が株主の変更があったときには無効になる。こうしたケースは、売却や譲渡はできません。交渉によって事態を改善できる可能性があるならまだしも、交渉の余地がなく、更新ができなければ事業の遂行が不可能になるなら、企業としての価値は変わります。

本社や工場の土地が定期借地契約になっていて、数年後には現在地を離れなければならないうえ、移転先の目途が立たない場合、M&Aの交渉において売り手企業は交渉力を持ち得ません。

カリスマ的な存在の株主や経営者に依存して事業を継続してきた企業は、カリスマがいなくなると事業の継続が困難になる可能性が高いと見なされます。その場合も、売却や譲渡は困難です。

こうした支障が存在する場合は、会社や事業にどんなに魅力があっても、第三者に売り手企業の望む条件で売却することは容易ではありません。

✓事前のヒアリング

ここまでのポイントをクリアしてM&Aを決意すると、業者に相談する段階に入ります。その前に、本当に売れる可能性があるのか、買い手が見つかるのか、**第三者から事前のヒアリング**を行います。専門業者でも金融機関でも税理士でも構いません。秘密保持を条件に複数から忌憚のない意見を聞いてください。

ポイントは、売却をする時期を**「将来的に」と明言**することです。さもないとすぐに「あの会社は売りたがっている。業績が悪いんじゃないか」というネガティブな情報が出回り、風評被害につながる恐れがあるからです。

そうしたリスクを避けるには、**インターネットで匿名シミュレーションができるサイトを利用**してください。計算根拠もまちまちなので、複数のサイトで見積もりを出してみてください。

大切なのは、**一人だけの意見に従わない**ことです。

そして、これから会社の命運を懸けて共に動くパートナーとなる業者の選定には、慎重を期してください。

業者のタイプ（仲介、助言の別）、業務範囲（紹介のみ、磨き上げの有無、取引ストラクチャーや価値評価への助言の有無、DD対応の有無等）、報酬体系（着手金の有無、成功報酬の料率が何に対して計算されているか）、得意な業種や分野、M&Aプロセスの進め方（相手の見つけ方・アプローチ方法、入札・相対の別など）等をしっかり理解した上で決めましょう。

よくあるトラブル事例 1

売る気のない株主が別の経営者を連れてきた！

所有と経営が分離し、両者の関係があまりうまくいっていないケースです。

経営者がM＆Aを決意して手続きに入ろうとしたら、**売却の意思がない株主が別の経営者を連れてきた**のです。

少数株主の親戚がいる会社で、身内だから何でも言うことを聞いてくれると思っていたら、意思疎通ができずに**株を売ってくれなかったケース**もあります。株主はその親戚の株式を高値で買い取るハメになりました。株主の取りまとめをしておかなければ、こうしたトラブルに発展します。

承継の意思も能力もあると思っていた社員が、直前に尻込みするケースも少なくありません。その人の資質を見込んでいても、意思確認をしっかりとやっておかないと、土壇場でひっくり返される可能性があります。

自分の会社や事業を**「まだいける」と思って売却のタイミングを逃すと、売れるものも売れなくなってしまいます。**

株の世界に「まだはもうなり、もうはまだなり」という格言がありますが、M&Aも同じです。現在の短期的な視点ではなく、5年先を見据えたときに不安があれば、M&Aを決意したほうがいいと思います。

第2段階

磨き上げを行う

磨き上げは、自分の会社にある問題を発見し、その改善を行うことです。磨き上げについての具体的な内容は、第4章を参照ください。

✓磨き上げは「経営者を責める」ために行うわけではない!

中小企業が磨き上げを行う場合、3つの問題があります。

一つは**情報がない**こと。情報管理が甘いため、必要な情報が集められない。すべてに問題があるのか、そもそも問題があるのかないのかさえわかりません。

もう一つは、**経営者やオーナーの公私混同**です。会社の資産を使ったり、会社のお金で私的なものを買ったり、懇意にしている会社と癒着関係になったり、懇意の会社ばかり使って不当なコストになったりしていることです。

そしてもう一つは、**オーナーや経営者が磨き上げを自分たちの「あら探し」をしていると誤解**することです。問題の改善を迫ると、経営者やオーナーは「自分を訴えようとしているのか」「税務署に突き出そうとしているのか」と疑い、助言会社に不信感を持ってしまうのです。

助言会社は、磨き上げで出た情報を税務署に報告したり、株主に告げ口したりして経営者を株主代表訴訟で訴えようとしているわけではありません。依頼者である会社が少しでも高い価格で売却できるように考えているだけです。

問題を告げ口しても、助言会社は一銭にもなりません。仮に告げ口をしたとしたら、その評判は業界を駆けめぐり、どこからも依頼されなくなります。助言会社を信頼し、すべての情報をオープンにしてください。その情報がひとり歩きすることは絶対にないので、隠し事は禁物です。むしろ、売却後に発覚したら訴訟に発展する恐れもあり、かえって事態は悪化します。

中小企業の場合は、公私混同が原因で売れないのではありません。公私混同を隠すから不審な点が浮かび上がり、信頼を失って売れなくなるのです。

私の経験では、悪意があるかないかはともかく、**ほとんどの中小企業に公私混同があります。**重要なのは、それを整えていく作業をすることです。大半の公私混同は解決でき、適正な状態に処理できます。

✓顧問税理士をむやみに信頼してはいけない

中小企業のM&Aのお手伝いをしていて、何度も言われる言葉があります。

「決算は、税理士の先生にちゃんと見てもらっているから大丈夫だよ」

「毎年税務申告書を出しているけど、税務署から何か言われたことはないから、ウチに問題はないよ」

多くの中小企業経営者は、税理士に任せているから問題ない、税務署から税務調査が入っていないから問題ないと認識しているようです。

いずれも**誤解**です。

税理士は決算書だけを作成しているケースが多く、会社から提出された帳票をそのまま処理しているだけです。本当に売上が正しく計上されているか。本当に落とすべき経費なのか。回収できない債権が何年も貸借対照表に計上されていて、**税理士も放置しているケース**があります。税理士は経営方針がわかっていないことが多く、売上伝票がないのに「これは売れています」という会社側の主張をそのまま受け入れて計上してしまうこともあります。

実際、ある取引の処理ミスがわかり、それが税理士の計算ミスだったことがありました。売り手企業の社長に、こうお願いしました。

「適正な処理に直してもらってください。誤った処理をしていた部分に関して、税金を払うかどうか税理士さんと確認してください」

すると、プライドを傷つけられたのか税理士は、その会社の顧問税理士を辞任しました。こういう人が重要な決算を処理している会社は、間違っていることがないと考えるほうがおかしいのです。

会社を責めているわけではなく、**誤った処理を正常に戻すだけ**の話です。税理士は、税務署が調査に入ったときに税金を払わなくて済むように守ってくれる守護神などと思わないことです。

磨き上げのときには、会社とのしがらみがなく、上場企業の基準で税務・会計を見られる外部の公認会計士や税理士に見てもらってください。

税理士がM&Aを一緒に進めようとしているときは問題ありませんが、**何代にもわたって顧問を務めてきた税理士が、M&Aの障害になるケースは多い**。もっとも問題なのは、いまだに相続税法上の評価を中心に議論する税理士が多く、M&Aにおける**市場価格算定（バリュエーション）の発想がない**ことです。

バリュエーションでは5億円だったのに、相続税法上の評価は1億円であったため、税理士の「この会社の価値は類似業種比準方式で1億円だよ、きみ」という言葉を経営者が信じ、**会社を不当に安く売ってしまうケースは後を絶ちません**。

地方の場合、その地域の中小企業を一手に見る税理士が多い。多くの経営者を知っているので地域の「ドン」のように扱われ、本人もその気になって「俺を敵に回すと、このエリアで商売ができなくなるぞ」と本気で言う人もいます。

中小企業の経営者が税理士を立てる気持ちもわからないではありません。しかし誤った考え方を放置するわけにはいきません。間違っていることは間違っていると伝え、正すべきは正してもらわないと、売り手企業のデメリットになってしまいます。経営陣から言いにくければ、**助言会社に言ってもらってください**。

✓見える化で「盛る」のは、絶対にタブー

磨き上げに際し、買い手企業が自分の会社とのシナジーを見出し、価値を上げてくれる有効な手段が**見える化**だと書きました。

単に**財務情報**を出すだけでなく、**取引先の属性**、**販売網**、**研究開発の厚み**など対象事業の隠れた強みを伝えることで見える化を図ってください。同時に**使える化**を進めることもすでにお

話ししました。

ここでお伝えしたいのは、見える化、使える化に取り組んでいることが、**買い手企業に伝わる**ことが重要だという点です。

価値として評価されるかどうかは最後までわかりませんが、伝えるための努力をしてください。たいていの会社はあるはずです。


ただし、人は「盛りたくなる心理」が働くものです。しかし、**誇張するのはマイナス**になります。ある中小企業が、取引先一覧を出してきました。そこには、だれもが知っている名だたる企業や金融機関が書かれています。確認のためヒアリングすると、笑ってしまうような「理由」が飛び出してきました。

日本経済新聞社との取引を聞くと、ただ単に新聞を購読しているだけでした。三井住友銀行との関係を尋ねると、単に普通預金口座があるだけでした。ダイヤモンド社を仕入先に記載しているので聞くと、社長の趣味で『週刊ダイヤモンド』誌を定期購読しているだけでした。こういう**誇張や嘘は厳禁**です。

取引先として書いていいのは、**恒常的な取引の実態がある先だけ**です。取引の実態がない先、すでに取引が終了している先を書いても、不信感を持たれるだけです。

過去に取引があったとしても現在は継続していないのであれば、**書いてはいけません**。取引先として魅力がなくなったから切られたのではないかとマイナス評価につながる可能性があるからです。自分を大きく見せようと盛ったことで、かえって価値を下げてしまっては元も子もありません。

第3段階

売却条件を整理する

内部の磨き上げの方針、方向性が見えたら、助言会社など専門家と**売却条件の整理**をします。まずは取引の手法を検討します。**株式の売却**なのか、**事業の譲渡**なのか、**会社を分割して売却する**のか、さまざまな種類とそれぞれのメリットとデメリットがあるので、売り手企業の状態によってどれを使うか相談してください。

株式の売却がもっともシンプルですが、買い手企業に押しつけられない過去の取引があったり、部門があったり、売却できない資産がある場合には、事業の譲渡という形態を選択するといいでしょう。過去の取引で、大きな訴訟に発展しそうなものがあるときも、事業譲渡としたほうがお互いのために安全です。

会社全体なのか、一部の事業なのかが選択されると、それに応じた価値を評価することになります。これは相続税法上の評価ではなく、**第三者と市場の見立て**をします。価値の見立てができたら、同時に**売却の主要な条件**として希望事項をまとめます。これを後から出すと買い手企業が嫌がるので、譲れない条件があれば最初から出しておきます。

✓主要な売却条件の整理

取引手法と価値評価を定めたら、売却に関する希望条件を検討します。

まず、助言会社などの専門家による価値評価を参考に、**希望する金額**を決定します。複数の株主がいる場合は、他の株主の理解を得られそうな金額を探ります。最低水準、合理的な水準が違っていたら、交渉のテーブルにつく時間が無駄になります。自分の今後の人生との兼ね合いもあるでしょう。売却によって損をすることがどうしても嫌な場合は、1株当たりどれぐらいの価格で売却をしたいのか、内部で金額の設定をしましょう。

売却金額の支払い方法は、少し安くなっても一括払いを求めるのか。買い手がリスクの不明瞭さを理由に分割払いを要求してきたとき、それを認めるのか。分割払いを認めるとき、その支払いのタイミングは半年後なのか1年後なのか。対価の支払いは現金に限るのか。上場会社は現金を節約したいときや金庫株の有効活用のため自社株での支払いを提案してくることがありますが、それを受け入れるのか。そうした条件を一つひとつ決めていきます。

経営株主だった場合は退職金を受け取りますが、手取りが最大化し、**できる限りトータルでの課税が最小化されるよう**希望を出します。株式をすべて売却した後も事業に協力する立場で会社に残るのであれば、**将来発生する収益の還元を要求**します。これは業界用語でアーンアウト（earn out）といいます。将来にわたって一定の成果が出れば、ボーナスとして現金で支払ってもらうのか、インセンティブとしてストックオプションでもらうのか、希望を検討します。

中小企業の経営者にはこの感覚がないかもしれませんが、M&Aによるシナジーは買い手企業側だけに帰属する利益ではなく、**売り手企業の寄与があって初めて成り立つ**ものです。その一定量は売り手企業に帰属させる交渉が大事。そういう目線は売り手企業も持つべきです。それが有効な期間は長くて3年で、5年、10年と長期にわたるものではありません。

この**将来収益が売却価格に含まれているのかいないのか、確認が必要です**。

買い手と売り手の交渉の過程で、会社の評価が5億円、シナジーによる将来収益を2億円と見積もった場合、7億円で売却した場合は満点でしょう。しかし、将来収益を含めない5億円で買収金額が提示された場合は、事前にシナジー価値の配分を交渉しなければなりません。

M&Aが成立すればどんなシナジーがあるのか、買い手企業に具体的な説明を求めるとともに、**買収金額の算定の考え方の説明も求めましょう**。

金額の詳細の開示を求めても断られるケースもありますが、買収の提示金額が低く、説明も不親切な場合への対応を明確にするためにも、売却条件の事前整理をしっかりしておきましょう。

✓売却後の経営体制への希望条件を決めておく

売却後の経営体制への希望条件についても決めておきます。

経営陣に登用するため手塩にかけて育成してきた役員を外すのだけはやめてほしい。自分も一定期間残ってこの事業が完結するまではやりたい。そうした希望があれば、明確にしておきます。

従業員の処遇も重要な条件です。従業員の処遇を改善してほしいのか、雇用体系を維持してほしいのか、買い手の基準に変えて構わないと思うのか、判断しておかなければなりません。同様に、**取引先や仕入先との関係**を一定期間は維持してほしいのか、すぐに買い手の取引先に変更していいのか、伝えるべき条件は伝えてください。

拠点や資産の統廃合も無視できない条件です。

創業の地で事業を営んでいるからこそ従業員が留まっているので、移転したら辞めてしまうから、少なくとも向こう10年間は移転しないでほしい。現在の主要な社員が退職するまでは残ってほしい。受け入れられるかどうかは別として、希望条件として伝えても構いません。商品やブランドの統廃合も買い手企業に一任するのか、しっかりと希望は伝えてください。

金融機関の取引の変更も重要です。個人保証を抜くこと、個人で差し入れた担保の解除が条件になるなら、事前に伝えなければなりません。対外的な発表をするのかしないのかも、希望は伝えたほうがいいでしょう。

ただ、こうした条件の提示は買い手企業にとって制約になるので、価値を減価させる可能性も秘めています。

一方で、売り手企業の取引先や従業員が中長期的に担保されることが、売り手企業の収益水準を維持すると判断されれば、**評価が向上する場合も**あります。条件提示は一長一短があるので、プラスマイナスの効果を含めて検討してください。

✓案件情報・開示情報の整理

売り手企業の名称を伏せた形で、買い手企業に売り手企業の概要を簡単に示す「釣書《つりがき》」を作成します。これは**「ノンネームタームシート」**あるいは**「ティーザー」**と呼ばれ、M&A業者が作成するものです。

買い手企業を探すときに、**どの範囲の情報まで公開するか**検討します。たとえば「広島レンタカー売上20億円前後創業来増収増益」と書けば、会社名を伏せてもほとんど特定されてしまいます。

インターネットの情報を見ると、見る人が見たらわかってしまう「釣書」が並んでいます。関係のない私が心配になるほどです。「インターネットには、魅力のある売り手企業の案件が掲載されるのは少数だ」という意見を耳にします。そのようないい案件は広く募集をかけなくても、買い手企業が集まるからです。業界ではそのような常識が残っているので、インターネットに「釣書」が出て会社名を特定されると、**「あの会社は売れない」という誤ったイメージが刷り込まれてしまいます。**

もちろん、知名度の低い会社やローカルな中小企業の場合、広く買い手企業を募る必要があるので、インターネットでの公開は否定しません。また、通常のM&A業者（フェースtoフェースでのサービスが基本）への業務報酬の捻出が**どうしても**容易ではない（M&Aが成功しても規模が小さいため業者への成功報酬が大きな障害となる）場合、案件マッチング機能の提供のみを主たるサービスとした廉価なサービスを得る方法としても、否定するものではありません。

ただ、否定的なとらえ方をされることもあるので、**公開情報の内容には注意**してください。インターネットでの公開にせよ、買い手企業への個別説明にせよ、ノンネームタームシートによる情報開示には、細心の注意を払う一方で、興味を惹く情報やコメントを入れることを検討します。

ノンネームタームシートに興味を持つ買い手企業が見つかったら、**秘密保持契約（守秘義務契約）を締結したうえで、企業概要書（インフォメーション・メモランダム、IM）を売り手企業が買い手企業に開示**します。このIMにもどこまでの情報を記載するか決めておかなければなりません。

IMは会社名を公開します。そのため、取引先の情報や取引先に対してどれだけ売っているかという情報まで書くか、相手によって開示する内容を変えるかどうかなどを検討し、決定しておきます。

守秘義務契約を結ぶため、基本的には情報漏えいはないはずです。しかし、買い手企業の社内でも複数人が情報を見ますし、買い手企業と契約している助言会社や仲介会社、弁護士や会計士などの専門家も見ることになるので、完全に秘匿されるとは思わないほうがいいでしょう。

その前提に立つと、かなり交渉が進んだ段階までは、**機密情報に近い情報は開示しないほうが無難**です。

✓候補先の選定

候補先の選定は、助言会社や仲介会社などのM&Aの業者と相談しながら決めます。ただし、**取引先や自分の知っている会社にコンタクトするかどうか**について、事前に決めておきます。コンタクトせずに終わった場合、トラブルに発展するケースもないわけではありません。

「何だよ、水くさいな。俺はあんたのところに興味があったのに。そんな安い金額ではなく、もっと出したのに」

本当か嘘かわかりませんが、事後にそういうことを言い出す人もいます。**思わぬ会社が買い手企業になるケースもある**ので、取引先で資金力がある会社、取引歴が古く業績が順調な会社は、有力な候補先の一つと考えてみてください。売却の話をすると取引を打ち切られるかもしれないと思わず、最後の段階で打診するか、最初に非公式に聞いてみるか、態度を決めておくべきです。

買い手企業の選定が特定の業種に偏っていないか、同業だけに偏っていないかもチェックしてください。第2章のケースで見たように、**異業種が価値を見出してくれる**こともあります。ファンドと聞くと「ハゲタカ」を思い浮かべる人がいるかもしれませんが、現在の経営方針を尊重するファンドも数多く設立されています。同じ業界だけに絞る必要はありません。

むしろ、同じ業種の場合は統廃合の可能性が高いので、**従業員や取引先にとってはデメリットになる可能性も**あります。むしろ異業種は新しい事業分野に参入したいと思って買収するので、売り手企業を基点に広げていこうと考えます。現在の陣容を維持しようとする確率は高いと考えられます。

もちろん、異業種はその分野でのバックボーンがないため、本業の調子が悪くなったら共倒れになる可能性は否定できません。だからこそ、異業種の買い手企業はしっかりと見極めて選定しなければなりません。バックボーンのある会社が何らかの意図を持って異業種に進出したいと思ったときには、千載一遇のチャンスになる可能性があります。

そういう前提のなかで、**買い手企業へのコンタクト方法も明確にしておく**必要があります。すべての買い手企業に助言会社に行ってもらうのか、取引先や知り合いの会社には自分が先に行くのか、どの順序でコンタクトするのかも考えてください。

どんなに秘密を守ろうとしても、情報は漏れるものです。

直接伝えたほうがいい先と間接的に伝わっても問題がない先を選別し、優先順位が高い買い手企業からコンタクトしていかなければなりません。間違えると、うまくいくはずだったものもうまくいかなくなってしまいます。順序とそれに伴う演出も、M&Aの成否を左右するのです。

よくある
トラブル事例
２

複数依頼や情報漏えいによるトラブル

価格ばかりが気になり、それ以外の条件を言わなかったことで、後になって買い手企業との間で「こんな話は聞いていない。最初から言ってくれよ」と破談になってしまうケースは少なくありません。複数の専門業者に並行して動いてもらい、交通整理ができなくなってトラブルになることもあります。

複数の業者が同じ買い手企業とつながりがあるので、だれもが先に行こうとします。早く行こうとするあまり条件を詰めなかった結果、業者によって条件が異なってしまうケースがあります。

売却話が社内関係者へ漏えいするのも大きなリスクです。売却するらしいという噂が広まると、従業員の士気の低下は避けられません。業者が磨き上げに際して社内に立ち入るとき、どういう立場で入るかについても検討しておくべきです。

私たちの場合は、**経営改善**（実際、磨き上げはそういうことです）のコンサルタントとして、財務情報をはじめとした経営情報の取得やマネージャーのヒアリングを行っています。

✓業者は顧客に忠実か

懇意にしている業者間での案件成立は頻繁に起こりますが、**業者の間で「貸し借り」が生じているる**こともあります。

業者は顧客に忠実であり、最良のアドバイスを提供する義務があるので、各案件がどのような経緯と条件で成立しているか、できる限り確認してください。特定の大手の買い手企業に持ち込まれ、**買い手企業に有利な条件で成立してしまうことも**あります。買い手企業に持ち込まれた経緯を理解することが重要です。

業者の担当者にも収益ノルマがあるため、**業者への報酬体系が売り手企業の利益を阻害する体系になっていないか確認する**必要もあります。

追加費用の発生、成約後に想定外の損害賠償に見舞われないためにも、M&Aに必要な業務を理解し、業者の業務範囲を確認してください。

相手を探すだけでなく、**自社の適切な取引条件の見立て、相手先の評価やM&A後の事業戦**

略の評価も業務範囲となっているか確認してください。譲渡後に役員や社員、そして取引先が思わぬ不遇に見舞われることもあります。

業者には仲介会社と助言会社がありますが、そもそも仲介会社は契約当事者双方にとって忠実であり得るのか、相手方の発掘までが業務なのか、交渉や条件の取りまとめまで範囲とするのかよく確認するべきです。

✓仲介会社内の担当者の力関係で左右されるケース

仲介会社には、社内に売り手企業の担当者と買い手企業の担当者がいます。通常は売り手企業の担当者は一人ですが、買い手企業は複数いるため、担当者の関係も複雑になります。

一般的に、同じ会社内では売り手企業と買い手企業の情報は「ファイアーウォール」が引かれています。しかし、担当者が先輩・後輩関係や親しい友人関係であった場合は、**利益相反する者同士での情報交換が行われる可能性があります。**

売買価格は、独立した複数の買い手企業と売り手企業が適切な交渉プロセスを経て市場原理に基づいて決定されるものです。

買い手企業と売り手企業の情報が同一の社内に存在し、担当者の力関係で歪められることがあってはなりません。そのようなリスクを見過ごしてはいけないと思います。**顧客の利益を損なう場合もあるので、売買条件の適切さや交渉プロセスの透明化を求めるべき**です。

✓契約前に業者が提示する「売却参考価格」には注意せよ

現在の国内M&A市場は、企業や金融機関がカネ余り状況にあることから、安定事業や成長事業を持った**売り手企業にとって有利な状況**が続いています。

M&A業者が売り手企業に近づくとき、売り手企業の概要情報に基づいて概算譲渡金額やイメージする候補先を**参考情報**として提示するのが一般的です。ただ、これはあくまでも参考情報なので、**そのまま受け取るとトラブルに発展する可能性があります**。プロセスに入ってから当初に挙げた候補先にコンタクトできなかったり、参考価格からほど遠い金額しか提示されなかったりして、劣悪な条件をゴリ押しされることになります。

通常の評価では5億円程度の見立てなのに、その5倍から6倍の25億円から30億円を提示され、その気になってしまった売り手企業もいました。

成長事業を持つ会社との契約を取りたいため、通常では考えられない金額を提示し、**売却する意向のなかった経営者を売却に誘導する**のです。当然、そのような条件で売却は成立しません。無益なプロセスに突入することを避けるためにも、**売り手企業が適正な想定金額を知っておくことが重要**です。売却を検討するときは少なくとも複数の業者から提案を受けてください。

第4段階

複数の買い手企業に声かけをする

✓ノンネームタームシートを配布し、興味を探る

原則的には専門家がやることですが、ノンネームタームシートを20社から30社に配布し、買い手企業の興味を探ります。興味を持った相手と守秘義務契約を結び、ＩＭ（企業概要書）を開示して質疑を受けます。

場合によっては、ＩＭの開示後の間もない時期にトップインタビューを入れるケースもありますが、多くの場合は**書面**で対応します。早い時期に1社に会ってしまうと、買い手企業の本当の興味の有無もわからない段階において、面談を希望するすべての候補に会わなければならなくなってしまうからです。会ってしまったために、情報が揃わないうちに感情が先走り、冷静な判断を歪めてしまうこともあります。この段階では客観的な情報だけで動き、よほどのこ

とがない限り相手と会うことはしません。冷やかし禁止というところです。

書面のやり取りを進めるなかで、買い手企業に意向表明書（Letter of Intent：ＬＯＩ）を出してもらいます。これは**買い手企業の諸条件を記載した書類**ですが、通常は、法的拘束力がありません。**意向表明書には、買収の目的や買収後の経営体制・戦略をしっかりと書いてもらうことが重要です。**

✓トップ面談を実施する

ＩＭに基づく質疑応答を行う過程で、買い手企業内部においては、ＬＯＩの提出に進むか、あるいは、Ｍ＆Ａプロセスから辞退するか社内検討が進みます。ここで、**ＬＯＩの提出の最終検討に入っている候補先に対して、売り手企業とのトップ面談を実施します。**買い手企業側では、ＬＯＩはいくら法的拘束力がないからといって、売り手企業側と面談することもなく書面提出することはガバナンス上容易ではありません。売り手企業側も、ＬＯＩの受領後に買い手企業候補を選定する作業があるため、相手方と面談し、企業風土や経営戦略、本Ｍ＆Ａへの狙いについて、経営層の言葉として聞いておきたいからです。一言でいうと、**買い手と売り手の相性診断**です。

通常、トップ面談には、売り手企業からは、売主となる株主、そして、経営トップが参加することになります。

✓買い手企業(相手)の見つけ方

各業者は、それまでの経験や公開情報から「あの会社はこんな事業を望んでいるはずだ」という独自のデータベースを持っています。

売り手企業の事業に興味を示す可能性の高い会社を、そこから選択します。インターネットやその他の公開情報を改めて見渡し、ほかの候補がないか探し、**候補先一覧のリスト**を作成します。

そのリストには、買い手企業の意思決定者にダイレクトに働きかけられる先もあれば、これから窓口にコンタクトする先もあります。そのリストをもとに売り手企業と検討し、取捨選択し、**優先順位**をつけます。

その際、自社の価値や将来を見つめ、**譲渡に際して大切にしたい事項は何か**を考えることが重要です。

✓企業概要書（インフォメーション・メモランダム）とは

企業概要書とは、承継させようとする事業（会社）の詳細な経営情報を記載したもので、**買い手企業にとって対象事業（会社）を評価する基礎資料**となります。できる限り正確に記載するとともに、その魅力を余すところなく表現します。

ア．企業概要書の目的

企業概要書は、買い手企業先との条件交渉における根拠資料であるとともに、複数の買い手企業先に対してM＆Aプロセスを公平かつ効率的に進めるための**共通資料**です。買い手企業先が深い興味を持つように、対象事業（会社）の経営成績などの情報だけでなく、**さまざまな魅力や成長の可能性**について記載します。

イ．企業概要書の開示

企業概要書は、対象事業（会社）が一般には公開していない**機密情報を含む**ため、売り手企業と買い手企業先間での守秘義務契約締結後に開示します。通常、複数の買い手企業先に対して、同時期に開示することになります。

ウ．企業概要書の作成

企業概要書の開示を受けた買い手企業先は、対象事業（会社）への理解を深めるため、**企業概要書に基づいた質問を行い、対象事業（会社）に対する一次的な評価をします。**このとき、複数の買い手企業先、あるいは買い手企業先の雇う助言会社からの質問に売り手企業は対応することになりますが、売り手企業が的確に回答することは、時間も限られ、内容も専門的なので容易ではありません。そのような事情から、M＆Aを効率的に進めるために、売り手企業も助言会社を雇うのが一般的です。多くの場合、企業概要書の作成も助言会社が担います。

助言会社は、磨き上げの結果を踏まえて、買い手企業先や取引ストラクチャーを想定したうえで、開示する情報を整理し、企業概要書を作成します。不誠実な情報開示を行うとM＆Aプロセスに影響するため、企業概要書には売り手企業の魅力を表現するだけでなく、**重大なリスクや財務修正事項についても誠実に記載します。**

エ．企業概要書の内容

以下の項目について、写真や図を用いてわかりやすく記載します。

①エグゼクティブサマリー：承継候補先へのラブレター的な部分です。売り手企業の魅力について、わかりやすく印象に残るようポイントを記載します。

②会社概要（社名、本社所在地、事業所、代表者名、資本金、設立年月日、従業員数、沿革、グループ企業一覧など）

③株式情報（株式種類、株主構成、潜在株式情報、資本政策推移など）

④役員情報（役付、管掌、略歴など）

⑤組織（組織図、各部署の役割・人員構成、ガバナンスと報告体系、従業員の年齢・勤続年数分布、会議体運営状況など）

⑥会社規則（規則・規程一覧、運営状況など）：退職金制度における簿外債務の有無・支払い現金の確保について、就業規則の内容・未払い残業代の簿外債務の有無・労使問題の法的リスクの可能性について記載します。

⑦事業に必要な許認可（保有している許認可、資格、関連規制など）

⑧事業概要（市場環境、競合状況、事業系統図、事業戦略、マーケティング、生産体制、研究開発、主要仕入先、主要販売先など）：対象事業の帰属市場、将来見通し、競争状況を俯瞰し、対象事業の事業戦略、主要製品・サービスごとの売上推移および製品戦略を記載します。主要な取引先や仕入先についても記載します。ただし、買い手企業候補が同業他社、取引先や仕入先の場合、日常取引に影響を及ぼしたり、類似の事業を真似される可能性があったりする場合には、記載情報を個別に制限します。顧客の個別取引情報、製品・サービスの個別

情報（価格や仕入・取引先情報）、個別のマーケティング戦略情報、研究開発情報については、企業概要書には具体的に記載せず、定性的な動向を記載しておきます。

⑨経営成績（過去の財務情報・修正情報、現行期の状況）：売り手企業が作成する計算書類として、過去3年分の貸借対照表、損益計算書、主要な科目明細を記載します。そのうえで、回収不能な売掛金の計上や、退職給付引当金が未計上である場合など、売り手企業の財政状態を大きく修正すべき事項があれば、修正財務諸表を記載します。会計税務処理自体は正しくても、対象事業（会社）の正味の収益実態を表現できていない場合には、その旨コメントします。また、買い手企業先は足元の業績に敏感なので、開示時点までの直近の業績として、月次残高試算表をベースに事業の進捗状況を記載します。

⑩主要資産（事業用の主な有形資産［土地、建物、設備］および無形資産［知的財産権、技術・ノウハウ］について）

⑪銀行取引情報（借入条件、担保・保証の状況など）

⑫事業計画（現行期計画、中期計画について）：今後の事業計画がどのような戦略に基づいて策定されているか、事業計画の実現性、必要な経営資源を有しているかなど、さまざまな視点で買い手企業先が納得する説明が求められます。買い手企業先では、記載された事業計画をもとに売り手企業単体の将来見通しが評価されます。企業価値算定において中心的な手法

のDCF（ディスカウント・キャッシュフロー）法において、将来キャッシュフローの重要な参考数値となるため、売り手企業の評価に大きく影響します

⑬**主要なリスク**：偶発債務、訴訟やクレーム、労使紛争等、対象事業（会社）の事業継続やM&A取引において障害となり得る主要なリスクについて記載します。

⑭**今後のプロセス**：企業概要書を開示した後の希望スケジュールを記載します。

よくある
トラブル事例
3

言ったことと実態が異なる

質疑応答では正確な回答を心がけてください。不確実な回答、曖昧な回答は避けるべきです。事業計画の不確実性は構いませんが、**わからないのに適当なことを言わないのが鉄則**です。後でトラブルになります。

譲渡契約書には「これまでに売り手企業が開示した情報は正確であることを保証する」という条項が入ることもあるので、買い手企業は録音したり、メモを取ったり、議事録を社内で書いたりします。言ったことと実態が異なると、確実に問題になります。

ただし、**買い手企業の質問にすべて回答する義務はありません**。値引きなどの取引先の個別情報、研究開発情報、人事情報、評価情報など、内容によっては基本合意後に行うデューデリジェンスのときに回答しますということでも構いません。

候補先へのアプローチを開始した時点、ノンネームタームシートの配布を開始してから早くて3か月ぐらい、長くても半年でLOIが出ないようでは、M&Aが成立しない可能性が高いと判断します。

それが買い手企業側の問題なのか、売り手企業側の問題なのか、助言会社の能力が低かったのか、いずれにしてもこのままでは前に進まないので、助言会社の交替を検討しなければなりません。

売り手企業がM&Aへの重大な障害を持たず、しっかりと磨き上げを行ったうえで買い手企業へのアプローチを開始した場合、IMを開示してから**半年あれば、少なくとも1社からはLOIを受領できる**でしょう。それが満たされないのは、M&A業者の候補先選定に問題があると思われます。

このような場合は、時間を区切らないとだらだらと情報だけが拡散していくことになります。

助言会社との契約では**「アプローチ開始から半年の間にLOIをもらえなければ、交替してもらう」という文言を入れておいたほうがいい**かもしれません。

第5段階

1社に絞る

✓基本合意の締結

ＬＯＩを比較して、**交渉相手を1社に絞ります。ここで基本合意の締結です。**

基本合意をすると、中小企業の場合は、**実質的には独占交渉**になります。ここから先は買い手企業によるデューデリジェンスが行われ、社内で関与する人も増えます。この段階から**後戻りするのは容易ではない**ので、本当に最終合意を行う気持ちで基本合意に臨む覚悟が必要です。

基本合意の主な内容は次の通りです。

- 取引の当事者（買い手と売り手の主体の明確化、売り手は株式の取りまとめを行うか等）
- 取引ストラクチャー（株式譲渡、事業譲渡等）

- 取引対価と支払い方法（取引金額、現金支払いか株式等による支払いか、一括か分割か、役員退職慰労金の有無、インセンティブ付与の有無等）
- 取引時期（クロージングの時期の見通し）
- 社員の処遇等の会社運営に関わる諸条件について（現時点で双方で合意されている会社運営の方針、特に従業員の雇用条件維持を記載することが多い）
- 独占交渉の有無、内容と期間（一般的に、最終的な確定契約書の締結までの期間、つまり、デューデリジェンスに要する期間を見据えて、独占交渉期間を設定する。おおむね3か月前後）
- デューデリジェンスについて（詳細調査の内容や対応について概要を合意する）

1社に絞ったら、LOIを提出した他の買い手企業候補には、他社と基本合意した旨を伝えます。最終合意に至るかどうかは未確定なので、破談となった場合には改めてお声がけさせてほしいと丁寧に伝えることが大切です。**基本合意以後は、合意先以外の候補先との間でM&Aに関する接触は厳禁**です。

1社に絞るとき、LOI内容の比較検討に加えて、**買い手企業の「身体検査」**をもう一度慎重に行い、売り手企業にふさわしい相手かどうか検討します。LOIで提示された金額だけで進めることは避け、次のような点をチェックします。

- 買い手の財務評価（支払い能力の有無）
- 買い手の株主や経営陣が適正か（自社の事業方針に反対する人物が関与していないか）
- LOIに記載された買収後の事業戦略の実現可能性
- 買い手企業における過去のM&A案件のその後の状態
- 各種コンプライアンスへの取り組み状況
- 買い手企業における事業撤退、リストラ等の有無やそのときの対応状況
- 福利厚生の状況、クラブ活動の有無、社会貢献活動やSDGs（Sustainable Development Goalsの略。2015年国連サミットで採択。「だれ一人取り残さない」持続可能で多様性と包摂性のある社会の実現のための国際目標）への取り組み状況

財務や経営戦略等の確認に加えて、**買い手企業の企業風土**もしっかりと評価したうえで基本合意先を決めましょう。

従業員が働きやすい環境を整えようとしているか、長時間残業やパワハラが横行するブラック企業ではないか、多少の法令違反などものともしない風潮はないか、社会貢献や環境に対す

る意識がどのくらいあるか。**買い手企業の公開情報**を調べ、ヒアリングを行って情報収集をします。

もっとも高い金額を提示した先でも、重大な懸念が見つかり、それが解消される見込みがないと判断したら、基本合意先としては不適格です。

とくに、**買い手企業の過去のM&Aの顛末**は見ておくべきです。

「リストラしません」

「統廃合しません」

「ブランドを維持します」

「経営はそのまま」

そんな甘い言葉を囁かれても、過去にやっていることが違っていたら、信用するに値しない会社だということです。

よくある
トラブル事例
4

価格だけ聞いて判断して失敗

LOIでは、どうしても価格条件に目を奪われてしまいます。しかし、価格以外の条件を可能な限り聞いておかなければ、総合的に優劣の判断を下すことはできません。**価格だけ聞いて判断すると、必ず間違います。**

基本合意以後のデューデリジェンスも、**期間を定めておかないと、時間ばかりかかってなかなか進まないことがあります。**買い手企業に雇われる弁護士、公認会計士は、タイムチャージの人が多いからです。できるだけ時間をかけたほうが自分は儲かるので、質問が長くなる可能性が高くなります。

ここまでの期間しか対応しません。これ以上の情報は出しません。そうしたラインを専門家と相談してください。時間の浪費は成功への障害になります。

第6段階

デューデリジェンスに対応する

✓ デューデリジェンスとは何か

デューデリジェンス（略してDDと言われます）とは、**買い手企業が行う売り手企業に対する詳細調査**のことです。デューデリジェンスの目的は、買い手企業が最終的な取引ストラクチャー、買収価格を中心とした買収の詳細条件、そして、買収後の経営統合体制を決定するために行います。

これまでのプロセスでは、IMに基づく質疑応答、そして、トップ面談などの情報に基づき、買い手は判断を重ねてきました。デューデリジェンスにおいては、これまでの開示情報や売り手企業の詳細状況について、現物の資料（会社の諸規則や会議資料、そして、契約書など）や実際の資産・設備を**現地・現物にて確認**することによって、**それらの実在性や正確性、そして、**

最新の詳細な状況をできる限り調査します。

近年、M&Aでもっとも重要な点は、**何のために買収するか**です。買収はお金さえ払えばだれでもできますが、売り手企業の事業を統合する意味がないと、株主から取締役の注意義務違反として株主代表訴訟を提起されかねません。買収後のシナジーを検討するためにも、売り手企業はしっかりと調査されます。そのためにも、デューデリジェンスは、M&A成立後に、売り手企業を適切に経営管理するとともに、目論む事業統合の具体的な策定には不可欠です。

売り手企業の社屋や工場の実地調査も含めて、**期間は1か月から3か月、公認会計士、税理士、弁護士など専門家を交えて行います**。会社の規模が小さい中小企業の場合は調査する分量が少なくなるため、それより短くなるのが普通です。

基本的に、デューデリジェンスの調査項目は、**売り手企業による磨き上げの調査項目とほとんど変わりません**。磨き上げをより詳細に、買い手企業の視点に沿って実施しておけばいいだけの話です。詳細については、拙著『中小企業のM&A交渉戦略』(ダイヤモンド社)をご参照ください。

デューデリジェンスの主な調査項目

デューデリジェンスの主な調査項目は次の通りです。第4章の「M&Aの阻害要因となる問題の洗い出しと修正」で挙げた項目と比較しながらチェックしてみてください。

①企業の基本的情報

□会社案内、製品・サービスのパンフレット
□定款
□株主名簿および各株主の関係一覧
□資本政策および株式移動に関する書類
□組織図
□直近の商業登記簿謄本
□取得許認可一覧
□役員名簿・役員略歴・担当業務一覧

②財務・税務に関すること

□直近3年の決算書・税務申告書・科目内訳書・総勘定元帳
□税務調査の履歴、修正申告の履歴
□税務に関する届出の履歴と届出書の控え
□直近の記載がある預金通帳
□銀行取引の残高証明書
□金銭消費貸借契約書・コベナンツ特約書
□売掛債権の明細
□買掛債務の明細
□在庫明細
□直近の固定資産台帳
□有価証券明細

③事業に関すること

□許認可一覧および証書コピー
□事業計画書

□予実管理実績に関する資料
□顧客リスト・仕入先リスト
□顧客との契約書および契約内容
□営業会議等の議事録
□製造会議等の議事録
□社内システムの概要

④法務に関すること

□過去10年の株主総会議事録・取締役会議事録
□社内各種規程
□重要な取引契約書および仕入契約書
□重要な事業用資産に関する契約書
□賃貸契約書・リース契約書
□知的財産に関する契約書
□訴訟紛争およびクレームに関する記録

⑤人事・労務に関すること

□従業員名簿（年齢・入社年・資格・等級）
□賃金台帳
□就業規則
□各種規程（賃金・退職金等）
□残業管理の記録
□取得休日管理の記録
□懲罰記録・労使紛争に関する記録
□労働環境・各種ハラスメントの調査

⑥その他

□環境ＤＤ（汚染物質の排出の有無、保有資産の汚染状況、管理の適切性）
□資産設備ＤＤ（保有資産の老朽化状況、維持・改修・買い替え費用の算定）
□システムＤＤ（使用システムのセキュリティ状況、問題の有無、維持費用の算定）

✓デューデリジェンスで高い評価を得るために

買い手企業のデューデリジェンスで高い評価を得るためにも、これらのチェック項目をクリアしなければなりません。ということは、売り手企業は磨き上げをしっかりやっておかなければならないということです。**要求された資料の提出には、できる限り誠実に対応するのが原則**です。合理的な理由なく対応されないと買い手が判断する場合、不透明な事項はリスクと見なされ、会社の価値が減価されます。

とはいえ、繰り返しになりますが、必ずしもすべてに対応する必要はありません。

具体的には値引き情報の提出はしなくていいです。万が一、値引き情報が第三者や買い手企業の取引部署に伝わると、最優良顧客へ提示している値引き水準を要求されるケースもあります。事業の価値を減価する要因になるため、**個別の値引き情報はM&Aの成立まで原則非開示**とします。

仕入原価の情報、具体的な研究開発の情報、人事評価情報も、ギリギリまで伏せておくのが一般的です。大切なのは、買い手企業がその情報の開示を求める理由と背景を知ることです。それに応じて対応すべきは対応し、断るべきは断る方針で構いません。**正当な理由によって開示しないのは、買い手企業も許容範囲と認識します。**

もちろん、むやみに開示しない不誠実な姿勢は不信感を持たれます。要求された情報を出すのに時間をかけてしまうと、買い手企業からリスクと判断されてしまいます。磨き上げの段階で即時に対応できるよう整理しておけば、出すべき情報は速やかに出せます。出さないと決めた情報も、理由を即座に説明できるようにしましょう。**意味もなく情報が開示されなかったり情報の開示が遅かったりすると、価値が減価されますので注意が必要です。**

買い手企業のデューデリジェンスを受けながら、売り手企業も買い手企業が自分たちの事業をどのように引き継ごうとしているのかを見極めます。圧倒的に伸ばそうとしてくれる「夢物語」を期待する必要ありませんが、買い手企業が他の事業とどのようなシナジーを生み出そうとしているのか、将来にわたってどのような事業展開を狙っているのかを確認してください。シナジー実現に向け、両社の協業のあり方を明確にしましょう。

買い手企業のデューデリジェンスに際しては、**むしろ買い手企業の思いを見極める場にするつもりで臨むのがちょうどいい**のではないでしょうか。

✓マネージメントインタビュー

デューデリジェンスにおいては、買い手企業は、売り手企業の経営者、そして、必要に応じて各事業部門の部門長に対して、インタビューを行うことが一般的です。これをマネージメントインタビューといったり、時には、キーマンインタビューと呼んだりします。

これまで、開示された情報に基づく質疑応答、株主や一部の経営者との面談に留まっていましたが、**M&A成立後の具体的な事業戦略を策定し、経営管理を実行するためには、現場の管理者からの具体的な事業状況を把握することが不可欠**であるためです。そして、**これまでの開示情報に対する現場の確認**ということも大きな目的です。

その中で、M&Aに対する見過ごしていた思わぬリスクが発見されたり、逆に気づかなかったシナジーが見つかったりすることも少なくありません。また、今後も現状のマネジメントに任せ続けていいいか、一定の補強が必要となるのかについての検討にも有益となるため、ほとんどの場合、マネージメントインタビューが行われることになります。

✓買い手企業からのアウトプット

買い手企業は、売り手企業から提示された調査項目を分析・検討し、以下をアウトプットします。切り口は**「過去の評価」「将来の展望」「シナジーの可能性」**の3点です。

ア．財務・事業の主なアウトプット

- 過年度の財務諸表から修正貸借対照表・損益計算書を作成、財務面の実態を評価
- 簿外債務、偶発債務の調査結果を定量化し、財務諸表に反映させる
- 各種保有資産を時価評価し、含み益・含み損を財務諸表に反映させる
- 市場および競合分析を行い、事業計画の妥当性を検証する
- 会計処理の正確性、買い手企業と売り手企業の差異、会計処理のタイミング、不正防止体制を評価し、買収後の管理体制を検討する基礎資料とする

イ．法務・人事労務の主なアウトプット

- 会社、事業が適法に成立・運営されているか評価する
- 各種法令違反がないか評価する
- 重要な各種事業用資産・負債が適法に継続保有されているか評価する
- 訴訟・係争・クレームについて評価し、事業の継続に支障がないか評価する
- チェンジオブコントロール（COC）条項の有無、影響を評価する
- 労務に関する規程や労働契約、労働環境が整備されているか評価する
- 労働者への不利益がないか、サービス残業がないか・賃金の未払いリスクがないか評価する

よくある
トラブル事例
5

買い手企業による秘密裏のヒアリング

買い手企業は、売り手企業の顧客や取引先から、直接売り手企業についての評価を入手することがあります。売り手企業の関係先と、買い手企業の関係先が重複しているケースが該当します。

買い手企業が売り手企業から入手する情報は、顧客や取引先の評価の「一部」についてだけかもしれません。売り手企業の商品やサービスに関する顧客の満足度の実態、本当の意味での評価は、売り手企業のバイアスがかかった情報では正確なところがわからないと買い手企業が考えるかもしれません。その点を突き詰めるために、顧客や取引先にヒアリングしたり、場合によっては秘密裏に調査が行われたりすることもあります。

売り手企業は、買い手企業がこうした行動に出る可能性も考慮し、**主要な顧客や取引先との関係を常に意識しておく**べきです。**トラブルやクレームには迅速に真摯に対応**し、信頼できる取引先であるという評価を得るため、努力を続けなければなりません。

デューデリジェンスの核心「バリュエーション」

デューデリジェンスを実施し、その結果をもとに買い手企業はさまざまな諸条件を決めていきます。この**諸条件に基づく価値評価を「バリュエーション」**といいます。この**バリュエーションこそが、デューデリジェンスの集大成**です。

基本合意を行うときにも、それまでに開示された情報に基づいて簡易なバリュエーションが行われ、大まかな価格設定は合意されています。デューデリジェンスによって過去の資産や損益が適正に修正され、売り手企業単体やシナジーを見据えた事業計画が買い手企業側で策定されるため、それらに基づいてより正確なバリュエーションを行うことになります。

価値評価の方法にはいくつもの種類がありますが、企業規模や事業の特性、成長ステージ、企業を取り巻く環境などを考慮し、**総合的に判断されます**。実態とかけ離れた金額が算定されるのを防ぐため、複数の評価方法で多面的に評価するか、組み合わせて折衷するケースも見受けられます。基本的に、**次の3種類の手法を押さえておけば、突拍子もないバリュエーションに合意することはない**でしょう。

1つ目は、わかりやすく客観性があることから、中小企業のM&Aでは頻繁に使用される**「時価純資産法（のれん代付き）」**です。

会社の財産価値をある一時点で時価評価し、そこから負債を差し引いた時価純資産を算出し、ブランド力や技術力などの営業権（＝のれん代）を上乗せして「株式価値」を求めます。これは、別名「コスト・アプローチ」と呼ばれる手法の一つです。

のれん代が上乗せされるのは黒字企業が原則で、過去3年間の営業利益の平均値をもとに、**3年分から5年分が目安**とされています。売り手企業が将来、どの程度の期間にわたってどの程度の利益を生むかを評価した結果としての数字です。

会社が過去から現在まで事業で積み上げてきた成果は純資産に表れます。中小企業のオーナーや経営者にとっては、**自分の過去の実績を評価してくれる時価純資産法がもっとも納得できるもの**だと思います。

純資産が7億円、営業利益の平均が1億円、その3年分をのれん代とした10億円が価値評価ですと言われたら、非常にわかりやすい。売り手企業の価値評価の拠り所となるのが、時価純資産法（のれん代付き）です。

2つ目は、反対に買い手企業の拠り所となる評価手法**「類似会社比較法（マルチプル）」**です。これは、**売り手企業と類似する事業を営む上場企業の評価（株価）を使用して売り手企業の価値評価を行う手法**です。上場企業の株式市場を参考にするので「マーケット・アプローチ」と呼ばれる手法に分類されています。

具体的なステップとしては、売り手企業と事業内容や規模が似ている上場企業を複数選択するところから始めます。次に、これら類似会社と売り手企業の経営指標を比較し**「売り手企業にその経営指標の倍率（マルチプル）をあてはめたら株価はいくらになるか」**を計算します。

ここで使う財務数値にはいくつかのパターンがありますが、一般的には**EBITDA（営業利益＋減価償却費等）**が使われます。問題は、どの時点のEBITDAを財務数値と考えるかです。**直近の実績を採用するのか、過去の平均値を採用するのか、事業計画の値をとるのか。**これによって、**数字は大きく変わります。**その妥当性を見極めるには、市場、製品、サービス、組織自体の変化を評価し、どの収益が将来の実態収益となるかを判断することになります。

このマルチプルは、売り手企業と買い手企業が初めてやり取りする段階で、だいたいこのくらいの金額とざっくり弾くときに使われます。

EBITDAが1億円の会社で、純有利子負債（有利子負債から現預金を差し引いたもの）や事業と関係のない資産（非事業用資産）がないとします。同じ業種の上場会社のマルチプル（EBITDA倍率）が8倍だとしたら、売買価格の目安は8億円となります。

売り手企業が20億円での売却を要求したり、買い手企業が3億円での買収を要求したりすると、実態とかけ離れすぎて交渉に至らないケースもあります。

3つ目の手法は、バリュエーションでもっともポピュラーな**DCF法**です。会社の事業に使われる資産は、**資産から生み出される将来のキャッシュフローによって評価されるという考え方**です。大手上場企業や海外の企業のバリュエーションで中心的に使用される手法です。キャッシュフローに着目することから「インカム・アプローチ」とも呼ばれます。**デューデリジェンスで買い手がもっとも重視するのがこの手法**です。

具体的な手順はこうです。

まずは将来の収益が見通せる範囲までの事業計画（5年程度が一般的です）を策定し、将来発生するフリーキャッシュフロー（借入金の返済や配当などに自由に回せる資金）を算定します。次に、将来発生するキャッシュを現在価値に修正するための割引率を決定します。これはマルチプルと同様に、類似する上場企業から適正と思われる割引率を採用します。そして、将来発生するキャッシュをその割引率で現在の価値に修正し**「事業価値」**を求めます。さらに、算出した事業価値に余っている土地や事業と関係のない株式などの非事業用資産をプラスし**「企業価値」**を求めます。最後に、企業価値に金融機関などからの借入から現預金を差し引いた純有利子負債を差し引いて**「株式価値」**を算出します。

上場企業や大手企業において、バリュエーションでもっとも使われるのは**DCF法**と**マルチプル**です。

DCF法は、将来の設備投資など具体的な数字を適切な時期に織り込んだ事業計画を評価できるので、不可欠な手法です。計算が煩雑なため直感的な理解が難しい点がありますが、この手法を無視して評価を行うことはありません。

一方、**マルチプルは直感的にわかりやすい**ため、売り手企業と買い手企業の会話でよく使われます。案件の入口での売り手企業と買い手企業の価格の目安を議論するときや、M&A業者間で会話するときによく使われます。未上場会社のオーナーになじみやすいのが**時価純資産法**です。M&Aに慣れていない人にとっては、この手法が直感的に理解しやすいでしょう。

DCF法、マルチプル、時価純資産法（のれん代付き）。いずれの手法でも、売り手企業の

収益力をどう評価するかで金額は大きく変化します。

買い手企業の評価では、売り手企業単体での収益に基づく価値評価に加え、シナジー価値を弾き出したうえで、シナジー込みの価値評価を算定します。シナジーの例としては、買収後に買い手企業と共通仕入れが実現し、1年後以降には売り手企業の営業利益が年間1億円向上するというケースです。

買い手企業としては、シナジーを織り込んだ対価を超えて、売り手企業にオファーすることはできません。逆に言うと、売り手企業としては買い手企業が具体的なシナジーを考えやすい情報提供を行うことが重要になります。

とはいえ、基本的に売り手企業と買い手企業は、バリュエーションの手法やシナジー価値の詳細まで合意して交渉を進めるわけではありません。各手法によってどのような価値が算出されるかを理解したうえで交渉に臨むことで、**不適当な条件で合意することを回避できます**。しかし、双方がどんな手法を重視しようとも、最終的な合意は売り手企業と買い手企業の**交渉力**によって決まります。

第7段階

握手する

買い手企業のデューデリジェンスが終了すると、売り手企業、買い手企業、双方のM&A業者、弁護士などで**最終契約書（Definitive Agreement、DA）締結に向けての交渉**が行われます。

主な項目として**「最終的な譲渡価格」「表明保証の内容」「補償責任の内容」「役員と従業員の引き継ぎ」「競業避止義務」「クロージングまでの日程・善管注意義務」「譲渡代金の支払い・株式の引き渡し」**などを交渉します。第5段階の基本合意でこれら重要な点を詰めて合意しておくと、このプロセスは比較的スムーズに進みます。

最終契約書でとくに重要なのが**「表明保証」**です。売り手企業側、買い手企業側双方が最終契約書締結に当たり、事実として開示した内容に間違いがないことを「表明」し、相手方に「保証」するのがこの表明保証です。それぞれが保証する主な内容は以下の通りです。

①売り手企業側

- 取締役会の承認など、M&Aの手続きを完了していること
- 必要な行政手続きを完了していること
- 破綻状態（支払い不能・銀行取引停止）ではないこと
- 譲渡対象株式以外に、買い手が認識していない新株予約等の潜在株式が存在しないこと
- 株式に担保権の設定がないこと
- 決算に粉飾がないこと
- 各種法令違反がないこと
- 公租公課の滞納がないこと
- 買い手企業に提供した情報が真実かつ正確であること
- デューデリジェンス実行後に資産・負債・事業に大きな変化がないこと

②買い手企業側

- 取締役会の承認など、M&Aの手続きを完了していること
- 必要な行政手続きを完了していること
- 譲渡代金の資金手当てができていること

表明保証は売り手企業側の誠実さを保証する行為です。

買い手企業は、いくらデューデリジェンスを行っても、売り手企業のすべてを調査できるわけではありません。M&A成立後に思わぬ事実が発覚するなど、表明保証した内容が事実と相違していた場合、買い手企業側が損害賠償請求をできるようにします。

時にはM&Aそのものの契約を解除することもできます。

磨き上げのプロセスで細かいところまで確認し、不備があれば修正するのは、自分たちの会社の価値を上げるだけではなく、最終契約書で表明保証をするときの対策にもなるからです。結果的にやらなければならないのであれば、**早い段階で行って価値を上げておいたほうが得策**ということがおわかりいただけると思います。

最終契約書の締結後、つまり**「握手」した後は法的拘束力が発生**します。

お互い履行すべきことを履行しなかったら損害賠償が発生するため、ここから先は誠心誠意実行しなければなりません。

同時に、ここからは同じ方角に向かって動く「パートナー」になるので、お互いの**シナジーをうまく発揮できるように協力する**のが握手です。

握手してからクロージングまでは、何もなければ翌日ということもあります。しかし通常は、1か月から3か月の期間を設け、その時間を最終契約書に盛り込んだ「片づけておくべき事項」の整理に充てます。

顧客への説明や取引契約の変更、従業員への説明、事務所の賃貸契約の家主に承諾を求める手続き、許認可の名義変更の手続き、金融機関への説明、個人保証解除、担保解除・担保の付け替えなど、ケースバイケースでさまざまな事項があります。

この中には、個人保証の解除や担保の付け替え等、最終契約の内容によっては、クロージングまでの期間に完了しないことも含まれています。売り手企業は譲渡が成立するまでの間、事業を円滑に正常に進めなければなりません。主な取引先、顧客との契約を維持し、必要であれば改めて契約を締結します。

その間の**経営管理体制を確認しておく**必要もあります。従業員の昇給や決算賞与の支給、新商品の発売、資産の売却、新しい生産設備購入などのタイミングが訪れた場合、売り手企業と買い手企業の意思疎通がないと、トラブルに発展します。

しかも、**この期間は会社の所有者が微妙な時期**です。**そんなときに「最後だから飲んじゃえ!」と宴会ばかりやって経費を使いまくる輩が出てきます。笑い話ではなく、実際によくある事例です。**近所のいつもの居酒屋に行っているうちはほほえましいですが、そのうち銀座に行き始める。高額な請求に困ったことになる中小企業も少なくないのです。

よくある
トラブル事例
6

悪意ある「最終契約」で大トラブルに

最終契約書は非常に細かい部分まで詰めていきます。しかし、**あえて大雑把な状態で済ませてしまう悪質な買い手企業**がいます。

「すべての事業は、すべてにおいて適法になされていて、コンプライアンス上も一切の間違いがないことを表明する」

「上記に違反した場合、それが後で発覚した場合も、それに伴う損害はすべて売り主が負担する」

たいしたヒアリングもせずに、こんな重要な一文をさらりと入れてくるのです。何も知らず違法なことをしているわけでもない中小企業経営者は、買い手企業側の**「形式的な文言ですから」という一言に、深く考えることなく捺印してしまいます。**

この契約書が通るということは、売り手企業にまともな助言会社が入っているとは考えにくい。自身の磨き上げもしていないでしょうし、買い手企業のチェックもしていないでしょう。

最終契約を締結し、譲渡金額も希望額を上回っています。**いい契約ができたと安堵していると、次から次へとクレームが入ってきます。**

「この建物は建築基準法に違反しているじゃないですか。建て替えに5000万円かかりますので、**ご負担ください**」

「従業員の未払い残業代がありましたね。あなたがたは、しっかりと管理していませんでした。未払い残業代を払い、さらに管理するためのコストがかかったので、3000万円を**ご負担ください**」

細かい部分を詰めてこない買い手企業に対し、売り手企業は面倒なことにならないからいい相手という印象を持つかもしれません。しかし、そんな愚かな買い手企業はいません。最終契約を簡単に済ませる買い手企業は、とりあえず買収して放置し、高値で売って利鞘を抜くか、何か別の意図があるものです。いずれにしても、事業をしっかりと遂行するつもりはありません。**うまい話には裏があるのはM&Aの世界も同じ**です。

表明保証にも「保証したことに対して違反があれば損害賠償する」という条項は必ず入ってきます。だからこそ、小さな穴を突かれて損をしないように、磨き上げをやっていただきたいのです。

とくに、**細かい契約に慣れていない中小企業は、悪質業者に狙われます。**

結果的に損害賠償で譲渡代金がすべて吹っ飛び、実質的にただで乗っ取られてしまっては目も当てられません。

買い手企業が最終契約書を締結するに当たって**細かいことを言ってくるのは、それほど悪いことではありません。**むしろ、さらっと書いてくる相手のほうが要注意です。それでM&Aがうまくいったという話は、聞いたことがありません。

意外すぎる人物がM&Aを破談に追い込むことも！

もう一つは、中小企業で**本当によくあるケース**です。上場企業や大企業は、大手法律事務所に所属し、M&Aを専門とする弁護士が出てきます。しかし、中小企業にはM&Aに慣れた弁護士が少ない。当然、手慣れてはおらず契約書の雛形も持っていないため、慣れている弁護士からすれば赤字修正のオンパレードとなります。

それだけなら少々時間がかかるだけで済みますが、**赤字を入れられたことにへそを曲げ、交**

渉が滞ってしまうことがあります。契約書の作成が遅れに遅れ、**場合によっては破談に至る**ことさえあります。

中小企業が顧問弁護士を変えるのは、簡単なことではありません。しかし、**最終的に判断するのは売り手企業の経営者や株主**です。余計なプライドのためにかき回されないように、**強い意思を持って弁護士をコントロールする努力**が必要です。

第8段階

クロージング（実行する）

最終契約締結からクロージングまでの間に一定の期間を設けるのは、**正式な契約を締結しないと、M&Aによって株主が変わることを言えない取引先があるから**です。しかし、それを告げたことによって、取引先との継続取引に失敗することもあります。これはやむを得ない部分でもあります。

ただ、最終契約書のさまざまな条件の中には、**主要な取引先との契約が維持されることを保証する項目が必ず入ります**。それを履行できなければ、会社としての価値が減額されるのは仕方がありません。

確認が手間取る可能性があるときは、クロージングまでの期間が長めに設定されます。その間のオペレーションを細かく決めておかないと、売り手企業の従業員はモチベーションが下がり、やることがないので時間が余り、例の飲み会につながっていきます。

クロージング期間に行うべき主な事項と一般的な手順は以下となります。

✓従業員への説明を行う

最終契約締結後、従業員への説明を速やかに行います。これは、この後に、取引先への説明や問い合わせなどに各担当者がしっかり対応しなければならないからです。

そして、何より、特にオーナー経営者がM&Aで引退する場合には、大切な従業員に自らの言葉でM&Aについての説明を行い、自身の思いを伝え、この後も新たな体制のもと、変わらずがんばってほしいという願いと感謝を述べるクライマックスです。長嶋茂雄さんの引退会見にも似たところもあり、私たちアドバイザーも感極まることもしばしばです。

多くのオーナー経営者は、この従業員説明会を無事に終えると、重責から解放される感覚を覚えられるようです。通常は、売り手の株主、経営陣のみで行い、クロージング後、改めて、買い手企業とともに、従業員への説明を行います。

✓取引先への説明（金融機関）を行う

最終契約締結後、場合によっては、締結の直前に、主要な取引金融機関に出向き、M&Aについて説明を行います。この際、買い手企業の概要、今後の経営体制や事業戦略についても言及し、理解を求めます。また、保証人の変更や担保権の解除等について、個別の対応を求める交渉を開始することになります。

クロージング後には、買い手企業とともに金融機関への説明を行い、保証人の変更や担保権の解除等の交渉とともに、融資条件の交渉を進めていくことになります。

✓取引先への説明（取引先、仕入先）を行う

主要な取引先や仕入先に対しては、個別に訪問し、M&Aの内容の説明とともに、今後の取引状況への見通しについて伝えます。取引契約書の条項や相互の事情によって、取引が困難となったり、取引条件の変更が生じたりする場合があるので、ケースバイケースの対応を行うことになります。また、取引先や仕入先が多数にわたる場合、担当者が訪問できない場合には、郵送でM&Aの案内を送付します。

この場合、契約書で、株主変更に伴う契約の見直し条項が入っていない先に対しては、クロージング後に、新経営体制となった旨を知らせる案内状を送付するのが一般的です。

さまざまな確認がすべて終わると、株券を発行している場合は、株券と譲渡代金の交換が行われます。この時点で、**株式譲渡、ないし事業譲渡という一連のM&A取引がすべて終了します**。これをクロージングといいます。

受け渡しと同時に、株主総会を開催して役員の交替が承認されます。このとき、事前に売り手企業の役員に退任の合意を取っておかないと、もめます。場合によっては、残りの任期に相当する役員報酬を要求し、売り手企業の譲渡代金から差し引かれるトラブルに発展することも。

この**クロージングをもって、M&Aは成立**となります。

本当に正しい選択をしたのかがわかるのは、クロージング以降です。

クロージング日を「**DAY1（デイワン）**」と呼びます。売り手企業の社員にとっては、この日が新たな旅立ちの初日だからです。売却した株主や退任する役員も、一定期間の引き継ぎの後、事業には直接関わることはなくなります。

そうだとしても、嫁入りした会社が発展し、従業員が幸せにならないと、心から喜べないでしょう。双方で約束した事項が守られているか確認するとともに、買い手企業の下で事業が成長していくことを応援していきましょう。

第5章 まとめ

- M&Aへの検討から成立までには、8つの段階がある

第1段階：M&Aを決意する
第2段階：磨き上げをおこなう
第3段階：売却条件を整理する
第4段階：複数の買い手企業に声かけをする
第5段階：1社に絞る
第6段階：デューデリジェンスに対応する
第7段階：握手する
第8段階：クロージング（実行する）

- 買い手企業への声かけでは情報漏えいや複数依頼によるトラブルに注意する
- 売り手企業は、デューデリジェンスに対して誠実に対応すること
- 本当に正しい選択をしたとわかるのは、クロージング以降である

おわりに

意識と知識を持ってさえいれば、結果が変わったかもしれない。

私は、中小企業経営者にそんな後悔をさせたくないという思いから、本書を執筆しました。

中小企業の事業承継に関して、売り手企業の立場に立ってその事業をどうやれば伸ばせるかという観点でアドバイスをしている会社はほとんどありません。むしろ事業承継のタイミングで節税商品を売ったり、M&Aの手数料を高く取ったり、買い手企業の要望に合う条件の売り手企業を見つけてきたりすることに血眼《ちまなこ》になっているように思えます。


「売り手企業が長年にわたって築いた事業を伸ばすための最適な買い手企業はどこか」


この至極まっとうな視点でのアドバイスがされているとは思えないのです。

その結果、売り手企業があまり深く考えることなく、短期的な視点で買収先を選ぶ事態に陥っています。だからこそ本書でお話ししたような、無残なトラブル事例が起こってくるのです。

そのトラブルを買い手企業や仲介会社のせいにしたとしても、売却は済んでしまっているので売り手企業は自分自身の身を守れません。自分たちがどうありたいかという主張をしないと、買い手企業に考えてもらうこともできません。

「自社の商品が廃れて市場からなくなる可能性があるから、商圏を維持するためにこの時期までにこういう設備投資をしないといけない」

こうした思いは、売り手企業が自ら買い手企業に伝えなければわかりません。伝えないから、買い手企業は設備投資のタイミングさえわからず、放置し、会社をつぶして残った資産を処分して終わりという、売り手企業にとっても買い手企業にとっても不幸なM&Aが起こるのです。

自分たちは売り手企業だからバトンを渡すだけ、先のことはバトンを受けた買い手企業が考えればいい。そういうわけにはいきません。買い手企業が自分たちの未来がどうあるべきかを考えるためにも、(売り手企業は) 自分たちの思いを伝えないと、幸福なM&Aにはなりません。

よく考えてみてください。

自分の息子や娘が後継者になることを望んでいたとして、事業を承継するときに「じゃあ、あとはうまくやっといて」と言うだけで、丸投げして終わりでしょうか。

「俺の時代は終わったから、若い人に任せる」

「こんな老いぼれが考えることではない」

そんな事業承継はありません。もちろん、最後の最後は「ここからは、お前次第だ」とバトンを渡すことになりますが、その前に何年にもわたって、実質的なデューデリジェンスを一緒に行っていくはずです。第三者に手渡すM&Aだからといって、その姿勢に違いがあるわけではありません。

大切な従業員のこと、手塩にかけて育んだ商品のこと、買い手企業の福利厚生が受けられるのか、新しい商品開発にチャレンジできるのか、買い手企業のリソースが使えるのか、買い手企業の情報を共有できるのか――。

遠慮なく伝え、遠慮なく聞かないと、このような大事なことがないがしろにされてしまうかもしれません。経験上、言うべきことは言い、聞くべきことは聞いたケースのほうが、承継後のオペレーションはうまくいっています。

波風が立たない売却を「円満なM&A」とは言いません。

真の円満なM&Aとは、契約成立を最終目標とはしません。売却した事業が中長期的に成長し、従業員の満足度も高まる。それが円満なM&Aの定義です。侃々諤々《かんかんがくがく》の議論を恐れては、円満なM&Aは実現できません。

本書は「売り手企業側」の立場でまとめましたが、私は「買い手企業側」のアドバイザーとしても、中小企業のM&Aに携わっています。

多くの場合、やはり売り手企業の準備不足を感じます。

よくあるのが、売り手企業が自社のM&A市場における常識的な価値評価水準を鑑みることなく、途方もない条件を希望するケース。途方もない条件ゆえ、重要な買い手企業（候補先）が交渉の入り口にさえついてくれないことがほとんどです。

また、整備すべき基本的な書類ややっておくべき手続きをないがしろにしている売り手企業も多く見かけます。この場合、M&Aプロセスには進めたけれども、「あれも足りない」「これもやっていない」と減点減点の嵐となり、本来潜在能力の高いはずの売り手企業が、なんら成長余力やシナジーが加味されず、不本意な条件でM&A成立となってしまうことも少なくありません。

買い手にとっては安く買えたからいいだろうと思われるかもしれませんが、そうとばかりは言えません。

本書で述べた磨き上げが行われていれば、DAY1から一緒になって協業するイメージが描けたはずなのに、それらがないために、管理部門の共通化等にも手間取り、半年あるいは1年遅れでの協業になってしまいがちです。買収対価が安かったことと引き換えに、市場競争への大幅な遅れとなってしまい、時には致命的になることさえあります。そうなると、売り手企業の従業員は、上がらない業績のしわ寄せを受け、不本意な時を迎えてしまうかもしれません。

とりわけ、売り手企業の従業員の士気は重要です。

M&Aは買収された後、3か月から半年くらいが勝負といわれています。

売り手企業の従業員は、この先、自分たちはどうなるんだろう、とどうしても不安を抱えます。この間に、買い手企業が売り手企業の従業員に対して一緒に取り組むべき課題や目標を掲げ、一体感を醸成できないと、モラルの低下が生じかねません。こうした点からも、買収後の確かな共同生活を送るためには両社での事前の詳細な協議が不可欠。決して軽く考えてはいけないと思います。

M&Aに携わる業者も乱立していて、目を覆うような場面が多くなっています。

アドバイザーを務める会社に仲介会社や個人経営の業者から持ち込まれた案件では、次のようなものが実際にありました。

- 本当の資金の出し手である実質株主の確認もできていない（後の調査で犯罪収益移転防止法に抵触の恐れ）
- 売上の大半が架空売上（口コミでは売れているとは思えなかったため、追跡調査したところ、懇意な取引先への引き取り条件付きでの販売）
- 会計帳簿と現金残高が数千万円単位で合わない（オーナーの私的流用）
- 脱税の可能性（現金商売における売上過少申告）
- 重大なコンプライアンス違反（無許可での営業）

など、枚挙にいとまがありません。

このようなレベルのものは、売り手と契約する業者がM＆Aプロセスに入る前にしっかりと見極めなければなりません。M＆Aの磨き上げによって事前に治癒できたかどうかは難しいところですが、このような案件が持ち回られていることを危惧しています。もし、買い手に確かなアドバイザーが付いていないがために、これらの案件を成立させてしまっていたら……考えても恐ろしい状況です。

活況を呈すM&A市場は、今後しばらく縮小することはないでしょう。

70歳、80歳の経営者がさらに増えていく状況は、この先、10年、15年と続いていきます。事業承継ニーズの高まりを背景に、中小企業のM&A市場は拡大していますが、M&Aに関わる人たちの知識と経験不足、さらには事前準備の時間がとれていないという大きな問題も生じています。

それゆえ、M&A自体は成立しても、その後に事業と従業員が悲しい結末を迎えてしまった……という案件も増えているのです。

しかし、「事前準備の時間がない」という問題については、売り手企業の経営者が早めに手を打つことで、悲劇を未然に防ぐことができます。

「まだ元気だから」「生涯現役だ」とがんばり続けるのは素晴らしいことです。

ただ、会社と事業と従業員の幸せな未来のために、「(M&Aを)検討する」のは早いに越したことはありません。人によって健康状態は異なるので一概には言えませんが、本当は65歳ぐらいから、健康で事業がうまくいっているうちに準備を始めるほうがうまく進みます。

いちばん避けたいのは、経営者が高齢になってから、事業が右肩下がりとなっているなかで、慌ててM&Aに取り組むことです。足元を見られ、買い手企業側に有利な条件での交渉を仕掛けられてしまうからです。

日本の中小企業経営者は、いい意味でも悪い意味でも綺麗です。自分よりも従業員のことを第一に考え、長年培った評判を貶めるような終わり方はしたくないと考える人が多い。5000万円、1億円、自分の手取りが少なくなったとしても、従業員に胸を張って話せるプロセスを踏みたいと考えます。必ずしも自分にとっての利益が最大化された条件ではなく、従業員や取引先からの評判を先に考える経営者が多い。これは日本の特徴であり、良い点だと思います。

本書でお話ししたような手続きを踏み、きちんとしたM&Aに取り組めば、買い手企業に素晴らしいバトンを渡せるはずです。自らの利得だけなく事業の関係者の幸せをできる限り思う心や、和を尊ぶ日本人の美徳も、事業の継続成長を実現する適切なM&Aを後押しすると思います。

売り手企業が自分の株式価値だけを最大化しようとする姿勢で臨めば、買い手企業はギリギリのラインまで詰めてきます。そうして買収した先は、何か不測の事態が起こったときにはすぐにメスを入れます。こうした「目先の利益だけを追求するM&A」を、はたして本当に幸福なM&Aと呼べるでしょうか。

売り手企業の経営者が思いを込めてバトンを渡す。

買い手企業がその思いを受け止めてバトンを引き継ぐ。

大切なのは、その思いを伝えることができるかどうかです。それをどれだけ早く始められるかです。幸福なM&Aは、その点にかかっています。

［著者］

岡本行生（おかもと・ゆきお）

アドバンストアイ株式会社代表取締役社長
1968年香川県生まれ。東京大学理学部情報科学科卒、ペンシルバニア大学ウォートンスクールMBA（アントレプレナリアル・マネジメント兼ファイナンス専攻）。

野村證券株式会社を経て、アドバンストアイ株式会社を設立。

「会社の売却は生涯一度きり。中小企業にこそ、大手企業と対等に渡り合えるM&Aアドバイザリーサービスを」との思いから、両手仲介に脇目も振らず、助言一筋20年。引き継がれる事業の成長を何より大切に思い、取り組んでいる。

継承された事業に関わる従業員たちの数年後の笑顔を見ることに、大きな喜びを感じている。

たった一人のベンチャー企業から従業員が数百名の中堅企業、ときには数千名の大手企業まで、あらゆる規模のM&Aを手がけてきた。

売上ゼロの技術ベンチャーや地方の老舗中堅製造業と世界的企業とのM&A、全国最下位の自動車販売会社が世界第１位に成長するまでの戦略的M&Aなど、不可能だと思える案件も実現させた。

公益財団法人日本生産性本部の講師として、中小企業診断士、金融機関やシンクタンクの事業承継担当者に対する中小企業のM&A研修も担う。

主な著書に『いざとなったら会社は売ろう！』『中小企業のM&A　交渉戦略』（ともにダイヤモンド社）、『事業承継M&A「磨き上げ」のポイント』（共著・経済法令研究会）がある。

60秒で会社売却の可能性と予想価格を無料診断できるサイト
https://会社売却.COM/
https://kaishabaikyaku.com/
（アドバンストアイ株式会社が運営）

あなたの会社は高く売れます——決定版・小さな会社のM&A

2019年６月19日　第１刷発行

著　者——— 岡本行生
発行所——— ダイヤモンド社
〒150-8409　東京都渋谷区神宮前6-12-17
http://www.diamond.co.jp/
電話／03·5778·7236（編集）　03·5778·7240（販売）
編集協力——— 新田匡央
装丁——— 井上新八
製作進行——— ダイヤモンド・グラフィック社
本文デザイン・DTP— 高橋明香
校正——— 加藤義廣（小柳商店）、三森由紀子
印刷——— 信毎書籍印刷（本文）・新藤慶昌堂（カバー）
製本——— 加藤製本
編集担当——— 和田史子

ISBN 978-4-478-10400-2